일 년 내내 즐길 수 있는 코바늘뜨기
플라워 모티브와 소품

Contents

모티브

미니 장미·장미·아이리시 로즈 ··· p.5   물망초·프리뮬러·네모필라·비올라 ··· p.7   서향·명자나무 꽃 ··· p.9

1   2   3   4   5   6   7   8   9

꽃복숭아·벚꽃 ··· p.11   크레마티스·델피니움 ··· p.13   수국·아나벨수국·포튤라카 ··· p.14·15

10   11   12   13   14   15   16   17   18

플루메리아·히비스커스 ··· p.16·17   달리아·지니아 ··· p.18·19

19   20   21   22   23   24   25   26

버베나 ··· p.21   개미취·용담·에키자캄 ··· p.23   스위트 알리섬 ··· p.25

27   28   29   30   31   32   33

코스모스·베고니아·금목서 … p.27

34

35　　36

시네라리아·칼랑코에 … p.29

37

38

이 책에서 사용한 실 … p.34
Basic Lesson … p.34·35
Point Lesson … pp.36~40
코바늘뜨기의 기초 … p.76
그 밖의 기초 … p.80

심비디움·크리스마스 로즈 … p.31

39

40

41　42

포인세티아·산다화 … p.32·33

43

44

45

아이템

아이리시 로즈 납작 주머니
p.4

비올라와 네모필라 숄
p.6

명자나무 꽃 토트백
p.8

크레마티스 주머니
p.12

에키자캄 멀티 커버
p.22

스위트 알리섬 파우치
p.24

칼랑코에 블랭킷
p.28

크리스마스 로즈 수납함
p.30

아이리시 로즈 납작 주머니

How to make … p.43
Point Lesson … p.36

3의 모티브를 2장 겹쳐서 감침질을 하고
입구를 더 떠줍니다.
납작한 타입의 주머니 파우치예요.
가방에 넣어서 가지고 다니기 딱 좋아요.

✦ Design & Making … 가와이 마유미

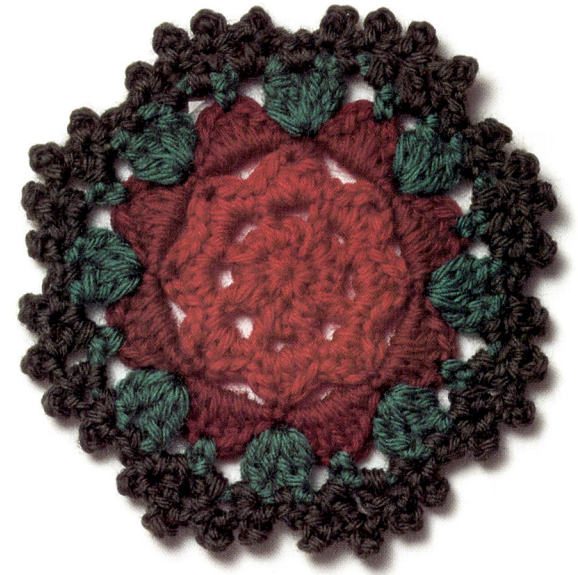

1 미니 장미
How to make ⋯ p.41
Point Lesson ⋯ p.36
Size ⋯ 직경 10㎝

2 장미
How to make ⋯ p.41
Size ⋯ 직경 10㎝

3

아이리시 로즈
How to make ⋯ p.42
Point Lesson ⋯ p.36
Size ⋯ 15×15㎝

✤ Design & Making ⋯ 가와이 마유미

비올라와 네모필라 숄

How to make … p.46

꽃밭 같은 숄은
봄날의 나들이에
입고 싶을 것 같아요.

✤ Design & Making … 엔도 히로미

4 물망초
How to make … p.44
Size … 직경 10㎝

5 프리물러
How to make … p.44
Size … 직경 10㎝

6 네모필라
How to make … p.45
Size … 10×10㎝

7 비올라
How to make … p.45
Size … 10×10㎝

✤ Design & Making … 엔도 히로미

명자나무 꽃 토트백
How to make ··· p.49

9의 모티브 배색을 바꾸어 8장을 뜬 뒤
연결하여 가장자리와 손잡이를 뜬 토트백이에요.
9와 같은 배색으로 짜면 느낌이 확 바뀔 것 같아요.

✤ Design & Making ··· 오카 마리코

8

서향
How to make ⋯ p.50
Size ⋯ 10×10㎝

9

명자나무 꽃
How to make ⋯ p.48
Size ⋯ 10×10㎝

❖ Design & Making ⋯ 오카 마리코

11, 12의 모티브는 코스터로 사용해도 좋아요.
귀여운 벚꽃 코스터와 티타임은 어떨까요?

10

꽃복숭아
How to make ⋯ p.51
Size ⋯ 직경 10㎝

11

12

벚꽃
How to make ⋯ p.51
Size ⋯ 10×10㎝

✿ Design & Making ⋯ 이케가미 마이

크레마티스 주머니

How to make … p.56

13의 모티브와는 색상이 다른 4장과
바닥을 떠서 연결했습니다.
풍성하고 멋진 디자인으로 재탄생했죠?

✤ Design & Making … 엔도 히로미

13
크레마티스
How to make ⋯ p.56
Size ⋯ 10×10㎝

14
델피니움
How to make p.55
Size ⋯ 10×10㎝

✤ Design & Making ⋯ 엔도 히로미

15

수국
How to make … p.58
Size … 직경 10㎝

16

아나벨수국
How to make … p.58
Size … 직경 10㎝

✤ Design & Making … 이케가미 마이

17

포툴라카
How to make … p.59
Size … 10×10㎝

18

✤ Design & Making … 이케가미 마이

플루메리아
How to make ⋯ p.60
Size ⋯ 10×10㎝

19

20

✤ Design & Making ⋯ 이마무라 요우코

21

히비스커스
How to make ··· p.61
Size ··· 15×15㎝

22

✤ Design & Making ··· 이마무라 요우코

23

달리아
How to make ··· p.62
Point Lesson ··· p.36
Size ··· 10×10㎝

24

✤ Design & Making ··· 가마타 에미코

25

지니아
How to make … p.63
Point Lesson … p.37
Size … 10×10㎝

26

✣ Design & Making … 가마타 에미코

가운데에 꽃이 달려 있는 모티브는
병이나 상자에 씌워서 커버로 사용해도 귀여워요.

27

버베나
How to make ⋯ p.64
Size ⋯ 직경 15㎝

28

❖ Design & Making ⋯ 가와이 마유미

에키자캄 멀티 커버

How to make … p.52

31의 모티브 10장을 연결하여 만든 멀티 커버는
깔개로도 사용할 수 있는 뛰어난 소품입니다.
용도에 맞게 연결하는 장수를 늘려서
자유롭게 사용해보세요.

✤ Design & Making … 마즈모토 가오루

29
개미취
How to make … p.54
Size … 직경 10㎝

30
용담
How to make … p.54
Size … 직경 10㎝

31
에키자캄
How to make … p.52
Size … 직경 10㎝

✤ Design & Making … 마츠모토 가오루

스위트 알리섬 파우치
How to make ⋯ p.66

32 모티브의 색을 변경해서
2장을 뜨고 가장자리를 더 떠줍니다.
단추로 고정하는 종류의 파우치입니다.
꽃의 색을 각각 4가지로 뜨면
작은 꽃밭 같은 느낌이 납니다.

Design & Making ⋯ 오카 마리코

32

스위트 알리섬
How to make ··· p.66
Size ··· 직경 10㎝

33

스위트 알리섬
How to make ··· p.65
Size ··· 15×15㎝

✤ Design & Making ··· 오카 마리코

15㎝ 사이즈의 모티브는 도일리로도 사용합니다.
현관이나 창가에 장식해보면 어떨까요?

34 코스모스
How to make … p.70
Size … 10×10㎝

35 베고니아
How to make … p.70
Size … 10×10㎝

36 금목서
How to make … p.71
Size … 직경 15㎝

✿ Design & Making … 마츠모토 가오루

칼랑코에 블랭킷
How to make … p.73

칼랑코에 모티브와 단색 모티브를 연결해서
블랭킷으로 만들 수 있어요.
따뜻한 색조여서 추운 겨울에 잘 쓰일 것 같아요.

Design & Making … 이마무라 요우코

37
시네라리아
How to make … p.72
Point Lesson … p.39
Size … 10×10㎝

38
칼랑코에
How to make … p.72
Point Lesson … p.38
Size … 10×10㎝

✤ Design & Making … 이마무라 요우코

크리스마스 로즈 수납함
How to make … p.69

41, 42의 모티브 배색을 바꾸어서
입체적인 수납함으로 만들었어요.
안에 상자 등을 넣어서 사용하면 더 탄탄해져요.

✤ Design & Making … 가마타 에미코

39

40

심비디움
How to make … p.67
Point Lesson … p.38
Size … 직경 10㎝

41

42

크리스마스 로즈
How to make … p.68
Point Lesson … p.40
Size … 10×10㎝

✤ Design & Making … 가마타 에미코

43

포인세티아
How to make ··· p.74
Point Lesson ··· p.39
Size ··· 직경 15㎝

✻ Design & Making ··· 이마무라 요우코

44

산다화
How to make ··· p.75
Point Lesson ··· p.37
Size ··· 15×15㎝

45

✤ Design & Making ··· 이마무라 요우코

Material Guide 이 책에서 사용한 실

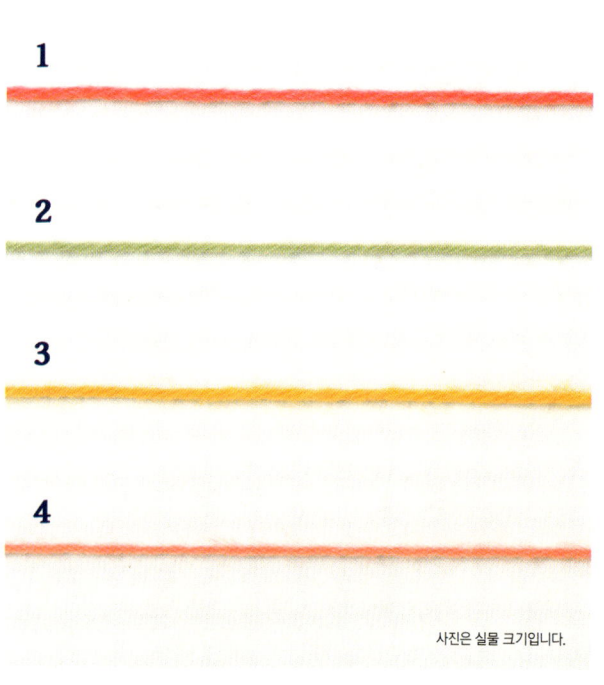

하마나카 주식회사

1 엑시드 울FL 합태사

울 100%(엑스트라 파인 메리노 울 사용), 40g 한 볼, 약 120m, 36색,
모사용 코바늘 4/0호(2.5㎜)

2 하마나카 순모 중세사

울 100%, 40g 한 볼, 약 160m, 33색, 모사용 코바늘 3/0호(2.3㎜)

3 퍼센트

울 100%, 40g 한 볼, 약 120m, 100색, 모사용 코바늘 4/0~5/0호(2.5㎜~3.0㎜)

요코타 주식회사 다루마

4 이로이로

울 100%, 20g 한 볼, 약 70m, 50색, 모사용 코바늘 4/0~5/0호(2.5㎜~3.0㎜)

*각 실마다 왼쪽부터 실 이름 → 실의 성분 → 실의 양 → 실 길이 → 실 색 수 → 바늘 호수입니다.
  일부 색 번호에 따라 실의 성분이 다른 것도 있습니다.
*실 색 수는 2019년 6월 기준입니다.
*인쇄물이기 때문에 실제 색과 다소 차이가 날 수도 있습니다.

사진은 실물 크기입니다.

Basic Lesson 공통 기초

사슬코 앞고리 반코와 뒷고리 반코를 줍는 방법

앞고리 반코를 줍는 경우

1 코의 머리 두 가닥 중 앞쪽 한 가닥을 화살표처럼 주워서 뜬다.

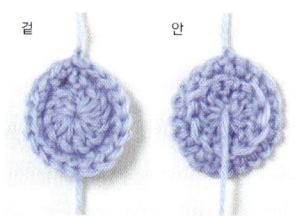

2 사슬 앞고리 반코를 주워서 1단을 뜬 모습. 오른쪽 사진은 안쪽 면에서 본 모습이다. 줍지 않았던 뒷고리 반코가 남아 있다.

남아 있는 뒷고리 반코를 줍는 경우

1 먼저 뜬 뜨개 조직을 앞쪽으로 젖히고 화살표대로 코에 남아 있는 사슬코 뒷고리 반코 한 가닥을 주워서 뜬다.

2 남아 있는 뒷고리 반코를 주워서 몇 코를 뜬 모습. 뜨개 조직이 사슬 뒷고리 쪽과 앞고리 쪽 두 부분으로 나뉜다.

뒷고리 반코를 줍는 경우

1 화살표대로 코의 머리 두 가닥 중 뒷고리 반코 한 가닥을 주워서 뜬다.

2 뒷고리 반코를 주워서 1단을 뜬 모습. 뜨개 조직의 겉에 떠지지 않은 앞고리 반코가 남아 있다.

남아 있는 앞고리 반코를 줍는 경우

1 화살표대로 전 단에 남아 있는 사슬 앞고리 반코 한 가닥을 주워서 뜬다.

2 남아 있는 앞고리 반코를 주워서 몇 코 뜬 모습. 뜨개 조직이 사슬 뒷고리 쪽과 앞고리 쪽 두 부분으로 나누어진다.

Basic Lesson 공통 기초

모티브끼리 연결하는 방법

A 빼뜨기로 연결하는 경우

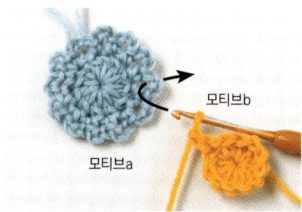

1 모티브b를 연결하기 전까지 뜬다. 화살표대로 모티브a의 사슬 고리에 바늘을 넣는다.

2 바늘을 넣은 모습. 바늘에 실을 감아 화살표대로 빼뜨기를 해준다.

3 빼뜨기를 해서 연결한 모습. 계속해서 다음 짧은뜨기를 뜬다.

4 2장이 빼뜨기로 연결된 후 짧은뜨기 한 모습. 계속해서 모티브b를 뜬다.

B 한 번 바늘을 빼서 짧은뜨기로 연결하는 경우

1 모티브b를 연결하기 전까지 떴다면, 바늘을 코에서 빼서 모티브a의 연결할 코에 화살표대로 통과시킨다.

2 모티브a에 바늘을 넣은 모습. 모티브b의 코를 바늘에 걸어 빼낸다.

3 코를 빼낸 모습. 계속해서 짧은뜨기를 뜬다.

4 짧은뜨기를 떠서 2장이 짧은뜨기로 연결된 모습. 계속해서 모티브b를 뜬다.

C 한 번 바늘을 빼서 한길긴뜨기로 연결하는 경우

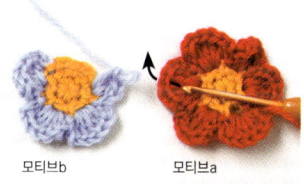

1 모티브b를 연결하기 전까지 떴다면, 바늘을 코에서 빼서 모티브a의 연결할 코에 화살표대로 통과시킨다.

2 모티브a에 바늘을 넣은 모습. 모티브b의 코를 바늘에 걸어 빼낸다.

3 코를 빼낸 모습. 계속해서 바늘에 실을 걸어 한길긴뜨기를 뜬다.

4 한길긴뜨기를 떠서 2장이 한길긴뜨기로 연결된 모습. 계속해서 모티브b를 뜬다.

뜨개 조직을 마무리하는 방법

1 다림판 위에 완성된 뜨개 조직 사이즈가 그려진 종이를 놓고, 그 위에 오염 방지를 위한 트레이싱 페이퍼를 겹쳐서 놓는다.

2 뜨개 조직을 1의 위에 두고, 완성 사이즈에 맞춰 모서리에 시침핀을 꽂는다. 시침핀은 다림질을 편하게 하기 위해 바깥쪽으로 기울여서 꽂는다.

3 2의 시침핀 사이에 시침핀을 꼼꼼히 더 꽂는다.

4 뜨개 조직 위로 다리미를 띄워 스팀하여 꽃잎의 형태를 정리한다. 뜨개 조직의 열이 식은 뒤 시침핀을 제거한다. 열이 식기 전에 시침핀을 제거하면 뜨개 조직의 형태가 고르게 정리되지 않을 수 있으므로 주의한다.

Point Lesson 뜨는 방법 포인트 레슨

1   Photo … p.5   How to make … p.41
감는 장미를 마무리하는 방법

1 장미를 다 떴으면(a), 뜨개 조직의 겉을 앞으로 두고 오른쪽에서부터 안쪽으로 둥글게 말아준다(b).

2 꽃을 뒤집어서 꽃잎의 아랫부분을 시침핀으로 고정한다(a). 돗바늘에 실을 꿰어 십자로 4~5회 바늘을 통과시켜 바느질한다(b). 우측 하단 사진은 완성된 모습.

아이리시 로즈 납작 주머니
뜨개구슬을 마무리하는 방법   Photo … p.4   How to make … p.43

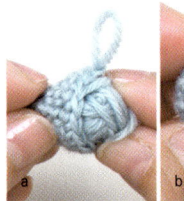

1 5단까지 떴으면 자투리 실을 채우고(a), 6단을 뜬다. 돗바늘에 실을 꿰어 b의 화살표대로 마지막 단의 바깥쪽 반코를 주워 올린다.

2 한 바퀴를 둘러 코를 주운 뒤 실을 잡아당겨 모양을 정리해주면 완성.

3   아이리시 로즈 주머니   Photo … p.4·5   How to make … p.42·43
3단을 뜨는 방법

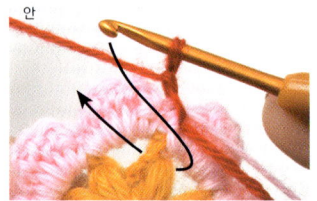

1 3단은 뜨개 조직을 뒤집어서 뒷면을 보면서 뜬다. 먼저 사슬 1코로 기둥코를 세우고 1단의 기둥코 사슬 3코와 긴뜨기 3코 변형 구슬뜨기에 화살표대로 바늘을 넣어 짧은뜨기 앞걸어뜨기를 뜬다.

2 바늘을 넣은 모습. 화살표대로 바늘에 실을 걸어 빼낸다(두 번째부터 변형구슬뜨기에 바늘을 넣어 뜬다).

3 짧은뜨기 앞걸어뜨기가 완성된 모습.

4 3단을 뜬 모습. 3단은 겉에서 봤을 때 2단의 꽃잎 뒤쪽에서 뜨게 된다.

23·24   Photo … p.18   How to make … p.62
달리아를 뜨는 방법
3단째

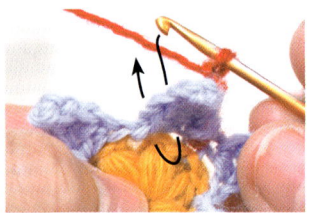

1 3단의 빼뜨기는 2단의 꽃잎 뒤쪽에서 화살표대로 1단의 사슬코에 바늘을 넣어 사슬코를 통째로 주워서 뜬다.

2 바늘을 넣은 모습. 화살표대로 바늘에 실을 걸어 빼낸다.

3 빼뜨기를 한 모습.

4 3단을 뜬 모습. 3단은 겉에서 봤을 때 2단의 꽃잎 뒤쪽에서 뜨게 된다.

5단째

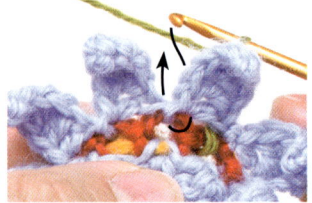

5 5단의 빼뜨기는 4단의 꽃잎 뒤쪽에서 화살표대로 3단의 사슬코에 바늘을 넣어 사슬코를 통째로 주워서 뜬다.

6 바늘을 넣은 모습. 화살표대로 바늘에 실을 걸어 한 번에 빼낸다.

7 빼뜨기를 한 모습.

8 5단을 뜬 모습. 5단은 겉에서 봤을 때 4단의 꽃잎 뒤쪽에서 뜨게 된다.

7단째

9 7단의 빼뜨기는 6단의 꽃잎 뒤쪽에서 화살표대로 5단의 사슬코에 바늘을 넣어 사슬코를 통째로 주워서 뜬다.

10 바늘을 넣은 모습. 화살표대로 빼뜨기를 한다.

11 빼뜨기를 한 모습.

12 7단이 완성된 모습. 7단은 겉에서 봤을 때 6단의 꽃잎 뒤쪽에서 뜨게 된다.

25·26　Photo … p.19　How to make … p.63

지니아를 뜨는 방법

8단째

1 8단의 빼뜨기는 7단의 뒤쪽에서 7단의 꽃잎 긴뜨기의 다리 2가닥을 a의 화살표대로 주워서 뜬다. b는 바늘을 넣은 모습.

2 빼뜨기를 한 모습. 계속해서 꽃잎을 뜬다.

3 꽃잎 한 장을 뜬 모습. 7단의 다음 꽃잎의 긴뜨기 다리 2가닥을 안쪽에서 화살표대로 주워서 빼뜨기를 한다.

4 바늘을 넣은 모습. 화살표대로 바늘에 실을 걸어 빼낸다.

5 빼뜨기를 한 모습. 같은 방법으로 꽃잎 8장을 뜬다. 우측 하단 사진은 완성된 모습.

9단째

6 9단은 8단의 지정 위치에 새 실을 연결해 사슬 기둥코를 1코 만들고, 짧은뜨기 1코, 사슬 3코를 뜨고, 바늘에 실을 2번 감아서 8단의 꽃잎 긴뜨기의 사슬 뒷고리 반코에 화살표대로 바늘을 넣어 두길긴뜨기를 뜬다.

7 두길긴뜨기가 완성된 모습. 같은 방법으로 도안을 참고하여 한 단을 뜬다.

8 9단을 뜬 모습. 계속해서 도안을 참고하여 14단까지 뜨고 실을 자른다.

44·45　Photo … p.33　How to make … p.75

산다화의 7단을 뜨는 방법

1 사슬 3코로 기둥코를 만들고 사슬 3코를 더 뜬 뒤, 바늘에 실을 감아 6단의 꽃잎 두길긴뜨기 사이에 화살표대로 바늘을 넣어 5단의 사슬코를 통째로 주워서 한길긴뜨기를 뜬다.

2 6단의 꽃잎 중 두길긴뜨기 사이에서 5단의 사슬코에 바늘을 넣어 사슬을 통째로 주운 모습.

3 한길긴뜨기를 뜬 모습. 도안을 참고해서 같은 모양으로 뜬다.

4 7단을 뜬 모습. 9단도 7단과 같은 모양으로 8단의 두길긴뜨기 사이에서 7단의 사슬코를 통째로 주워 한길긴뜨기를 뜬다.

Point Lesson 뜨는 방법 포인트 레슨

39·40 Photo … p.31   How to make … p.67

심비디움을 뜨는 방법

꽃잎의 사슬빼뜨기

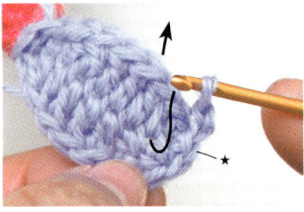 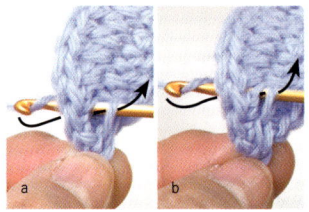  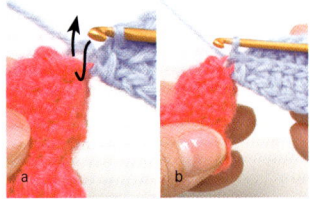

1 8단 꽃잎의 사슬빼뜨기는 ★의 사슬 2코 피코뜨기하고, 꽃잎의 9번째 사슬에 화살표대로 바늘을 넣는다.

2 바늘을 넣은 모습(a). 화살표대로 꽃잎의 뒷면에서 바늘에 실을 걸어 당겨, 사슬빼뜨기를 뜬다. b는 1코가 완성된 모습.

3 사슬빼뜨기 9코를 뜬 모습. 꽃잎 한 장이 완성되었다.

4 1단에 남아 있는 뒷고리 반코에 a의 화살표대로 바늘을 넣어 빼뜨기를 뜬다. b는 빼뜨기를 한 모습. 계속해서 2번째의 꽃잎을 뜬다. 이런 방법으로 1단에 남아 있는 반코를 주워서 뜨는데, 3장의 꽃잎 1코를 띄우고 빼뜨기하기 때문에 주의해야 한다. 우측 하단 사진은 8단을 뜬 모습.

9단째

5 9단째는 1단에 남아 있는 뒷고리 반코에 바늘을 넣어 실을 연결한다(꽃잎의 빼뜨기가 이미 완성되어 있기 때문에 코가 잘 보이지 않으므로 신중하게 주워서 뜬다).

6 실을 연결한 모습.

7 사슬 3코를 뜨고, 1단에 남아 있는 뒷고리 반코에 a의 화살표대로 바늘을 넣어 빼뜨기를 뜬다(b). 같은 모양으로 한 단을 뜬다. 꽃잎과 같이 1단에 남아 있는 반코를 줍지만, 4번째 빼뜨기를 뜰 때 1단에 남아 있는 반코를 1코 띄우기 때문에 주의해야 한다.

8 9단이 완성된 모습.

10단째   **11단째**

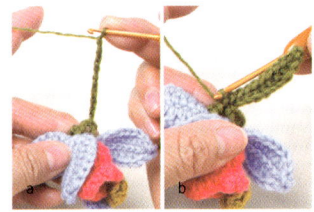     

9 9단에서 마지막 빼뜨기를 떴다면, 사슬 11코를 뜨고(a), 잎 부분을 뜬다(b). 우측 하단 사진은 잎의 두 번째 뜬 모습.

10 10단째의 짧은뜨기 사슬 뒷고리 반코를 주워(a), 사슬 3코를 뜬다(b).

11 다음의 빼뜨기도 10단의 짧은뜨기의 사슬 머리 뒷고리 반코에 화살표대로 바늘을 넣어 뜬다.

12 빼뜨기를 한 모습. 우측 하단 사진은 11단이 완성된 모습.

38 Photo … p.29   How to make … p.72

칼랑코에 6단을 뜨는 방법

1 6단의 짧은뜨기는 5단의 꽃잎 한길긴뜨기의 사이에 화살표대로 바늘을 넣어, 4단의 사슬을 통째로 주워서 짧은뜨기를 뜬다.

2 바늘을 넣은 모습.

3 짧은뜨기를 한 모습.

4 6단을 뜬 모습. 6단은 5단의 뒤쪽 면에서 뜨게 된다.

37　Photo … p.29　How to make … p.72

시네라리아 4·5단을 뜨는 방법

4단째

1 4단은 3단의 꽃잎 뒤쪽에서 2단의 사슬코에 화살표대로 바늘을 넣고, 사슬을 통째로 주워 새 실을 연결한다.

2 a는 바늘을 넣은 모습. b는 실을 연결한 모습.

3 사슬 8개를 뜨고 꽃잎을 뜬다.

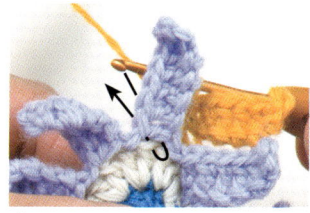

4 꽃잎 한 장이 완성된 모습. 도안을 참고해서 3단의 꽃잎 뒷면에서 2단의 사슬코를 통째로 주워 빼뜨기를 해준다.

5단째

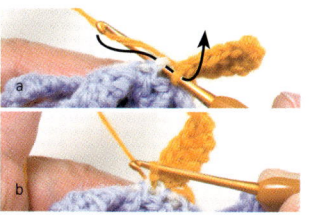

5 바늘을 넣은 모습(a). b는 빼뜨기를 한 모습. 3, 4를 반복해서 한 단을 뜬다.

6 5단은 4단의 빼뜨기에 새 실을 연결해 짧은뜨기를 1코 뜨고 사슬 5코를 뜬다.

7 도안을 참고해서 4단의 빼뜨기에 짧은뜨기를 뜬다.

8 짧은뜨기를 뜬 모습. 사슬 5코, 짧은뜨기 1코를 반복해서 한 단을 뜬다.

43　Photo … p.32　How to make … p.74

포인세티아를 뜨는 방법

6단째

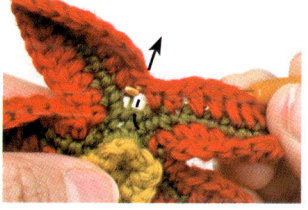

1 6단은 사슬 5코로 기둥코(기둥코 3코와 사슬 2코)를 세워주고, 바늘에 실을 감아 5단의 꽃잎 뒷면에서 4단의 빼뜨기 부분에 화살표로 바늘을 넣어 한길긴뜨기를 뜬다. 계속해서 사슬 2코를 뜬다.

2 바늘에 실을 걸어 5단의 꽃잎 뒷면에서 4단의 빼뜨기 부분에 바늘을 넣는다. 사진은 바늘을 넣은 모습.

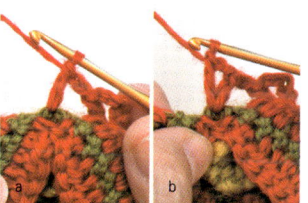

3 a는 한길긴뜨기를 뜬 모습. 사슬 2코, 같은 코에 한 번 더 한길긴뜨기를 뜬다. 계속해서 사슬 2코를 뜬다. 이를 반복해서 한 단을 뜬다.

9단째

4 9단은 6단의 사슬코에 화살표대로 바늘을 넣어 새 실을 연결한다.

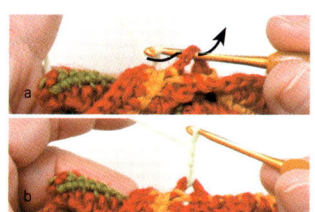

5 바늘을 넣은 모습(a)과 실을 연결해 기둥코 3코를 뜬 모습(b). 계속해서 같은 자리에 한길긴뜨기 4코를 뜬다.

6 한길긴뜨기 4코를 뜬 모습. 계속해서 사슬 3코를 뜨고, 도안을 따라 뜬다. 우측 하단 사진은 9단을 뜬 모습.

13단

7 13단의 지정 위치에 화살표대로 8단의 지정 위치와 뜨개 조직 2장에 한꺼번에 바늘을 넣어 본체와 꽃잎을 짧은뜨기 1코로 연결한다.

8 a는 바늘을 넣은 모습. b는 뜨개 조직 2장에 짧은뜨기 1코를 뜬 모습.

Point Lesson 뜨는 방법 포인트 레슨

※알기 쉽도록 실의 색과 굵기를 바꾸어 설명하고 있습니다.

41·42 Photo ··· p.31   How to make ··· p.68

크리스마스 로즈를 뜨는 방법

5단째

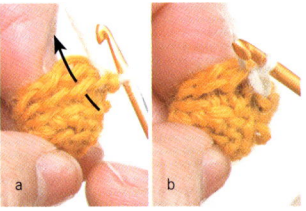

1 5단은 3단에 남아 있는 사슬 앞고리 반코에 화살표대로 바늘을 넣어 빼뜨기를 뜬다(b).

2 사슬 6코, 빼뜨기 4코를 뜬 다음 남아 있는 반코에 바늘을 넣어(a) 빼뜨기를 뜬다(b).

3 5단을 뜬 상태. 뒷면에 4단째의 코가 남겨진 채로 뜨게 된다.

6단째

4 6단은 5단을 앞쪽으로 젖혀 잡고, 4단의 짧은뜨기 앞고리 반코 부분에 화살표대로 바늘을 넣어 실을 연결해준다.

5 실을 연결해서 짧은뜨기 1코, 사슬 4코를 뜬 모습. 도안을 참고해서 짧은뜨기와 사슬 4코를 반복해서 뜬다.

6 6단까지 뜬 모습. 4단의 사슬 뒷고리 부분이 남겨진 채로 뜨게 된다.

7단째

7 4단의 지정된 짧은뜨기에 남아 있는 뒷고리 반코 부분에 실을 걸어(a) 사슬 2코로 기둥코를 세우고, 같은 코에 긴뜨기를 5코 뜬다(b).

8 도안을 참고해서 꽃잎을 왕복뜨기로 4단을 뜬 뒤, 빼뜨기와 사슬뜨기로 맨 처음 빼뜨기를 한 부분으로 돌아온 모습. 4단의 다음 남아 있는 사슬 뒷고리 부분에 빼뜨기를 뜬다.

9 같은 모양으로 꽃잎을 5장 뜬 모습(a). b는 8단(꽃잎의 가장자리)을 뜬 모습.

9단째

10 9단은 6단의 지정된 짧은뜨기 사슬 뒷고리 반코를 꽃잎의 뒤쪽 면에서 당겨내어 뜬다. 사진은 6단의 짧은뜨기 사슬 뒷고리 반코를 꽃잎의 뒤쪽에서 당겨내는 모습.

11 당겨낸 6단의 짧은뜨기 사슬 뒷고리 반코에 바늘을 넣어 실을 연결한다.

12 실을 연결한 모습.

13 잎사귀 1장을 뜬 모습. 도안을 따라 떠 나간다.

14 사이에 뜨는 사슬코는 느슨하게 뜬다. 우측 하단 사진은 9단을 뜬 모습.

10단째

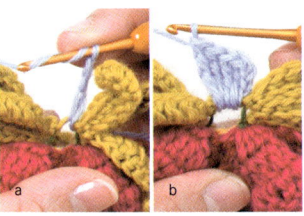

15 9단의 느슨하게 뜬 사슬에 실을 걸어 사슬 4개로 기둥코를 세우고(a), 바늘에 실을 2번 감아 사슬코에 두길긴뜨기 4코를 뜬다(b).

16 10단을 뜬 모습. 도안을 참조해서 뜨개 조직을 떠 나간다.

1·2
Photo … p.5　Point Lesson 1 … p.36　Size … 직경 10㎝

재료
실 리치모어 퍼센트
1 흰색(1) … 5g, 붉은색 계열(73) … 1.5g, 핑크색 계열(72), 녹색 계열(13) … 각 1g
2 적자색 계열(64) … 2.5g, 붉은색 계열(75), 짙은 녹색 계열(29), 녹색 계열(32) … 각 1.5g
바늘 모사용 코바늘 4/0호(2.5㎜)

(1) 뜨는 방법
2단 : 전 단의 사슬을 통째로 주워서 한길긴뜨기 2코 모아뜨기를 뜬다.
3~5단 : 전 단의 사슬뜨기에 뜨는 기호는 사슬을 통째로 주워서 뜬다.
※전부 다 뜬 뒤 스팀 다리미질을 해서 형태를 정리한다(p.35 참고).

※★쪽에서부터 돌돌 말면서 정리한다(p.36 참고).
● 2.3cm ●

1 본체 1

▼ = 실을 자른다.　✕ = 사슬 3코 피코 빼뜨기

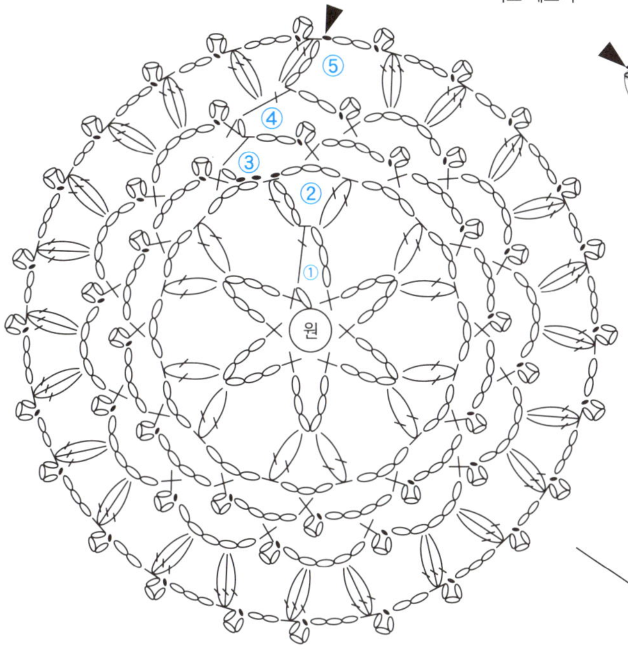

1 감는 장미 A·B 각 1매
뜨기 시작 사슬(16코) 기초코

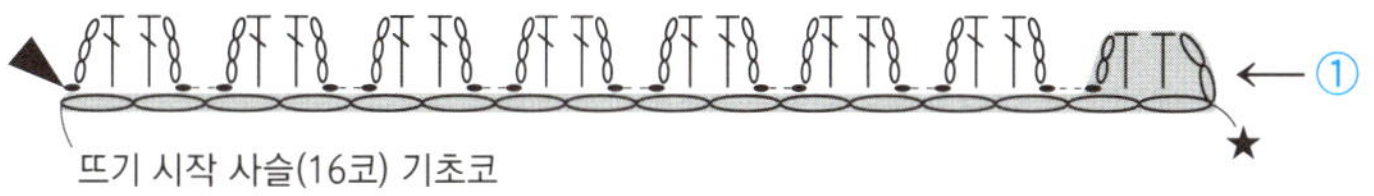

1 잎 13 2장
사슬(7코) 기초코
뜨기 시작 사슬(7코) 기초코

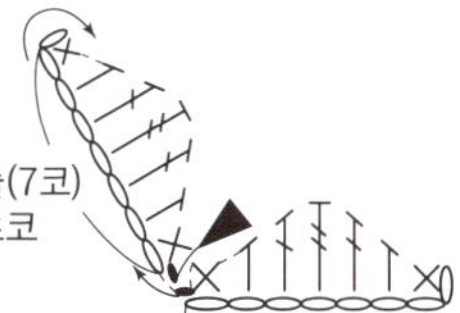

감는 장미 A·B의 배색표

	A	B
—	73	72
—	73	73

1 마무리하는 방법
① 잎을 본체의 4·5단 위치에 바느질한다.
② 꽃 A와 B를 잎 위에 올려놓고 바느질한다.

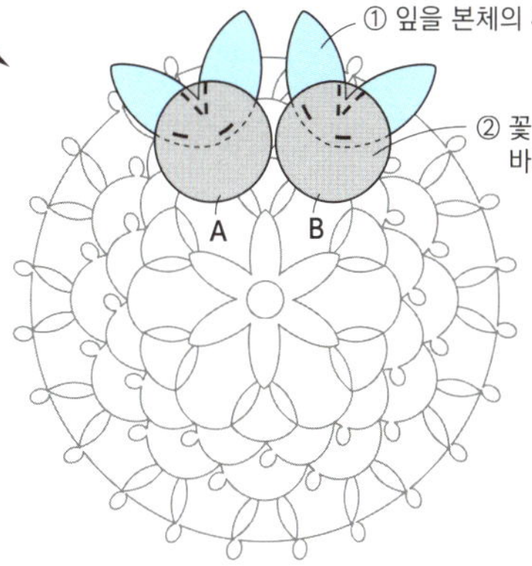

2 본체

▽ = 실을 연결한다.
▼ = 실을 자른다.
= 사슬 3코 피코 빼뜨기

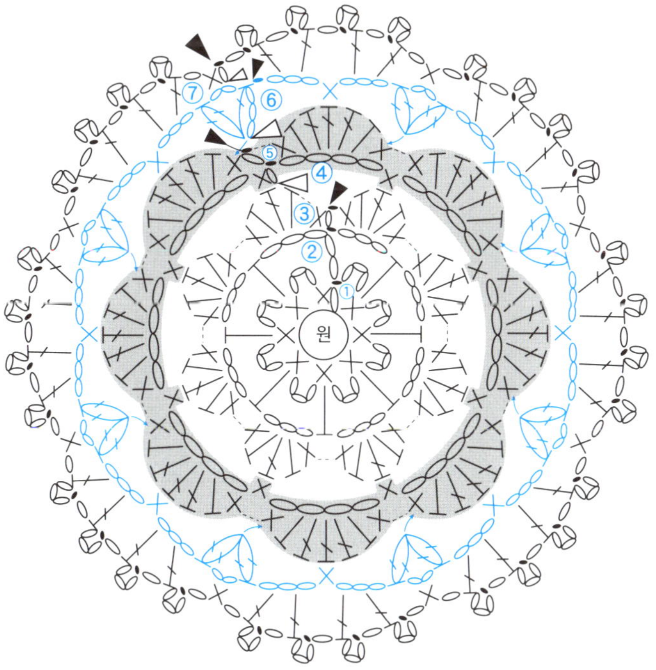

(2) 뜨는 방법
3·5단 : 전 단의 사슬뜨기를 통째로 주워서 뜬다.
6단 : 전 단의 화살표의 짧은뜨기를 주워서 한길긴뜨기 2코 구슬뜨기, 사슬 2코, 한길긴뜨기 2코 구슬뜨기를 뜬다.
7단 : 전 단의 사슬을 통째로 주워서 한길긴뜨기와 짧은뜨기를 뜬다.
※전부 다 뜬 뒤 스팀 다리미질을 해서 형태를 정리해준다(p.35 참고).

2 본체의 배색표

단수	배색
(7단)	29
(6단)	32
(4·5단)	64
(1~3단)	75

3

Photo … p.5　Point Lesson … p.36　Size … 15×15cm

재료
실 리치모어 퍼센트
베이지색 계열(123) … 11g, 붉은색 계열(74)·적자색 계열(64) … 각 4g,
녹색 계열(13) … 3g
바늘 모사용 코바늘 4/0호(2.5mm)

= 짧은뜨기 뒤걸어뜨기
(뒷면을 보고 뜨기 때문에 실제는 짧은뜨기 앞걸어뜨기 로 뜬다.)

▽ = 실을 연결한다.
▼ = 실을 자른다.

= 긴뜨기 3코 변형 구슬뜨기
= 짧은뜨기를 3코 뜬다.

본체

10단의 잎 13

※7단의 4군데에서 떠서 연결해준다.

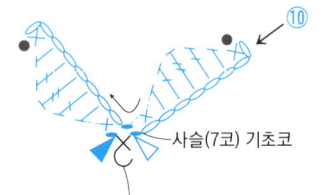

7단의 짧은뜨기 뒤걸어뜨기의 머리 부분에 잎 2장 떠준다.

● = 11단의 × 짧은뜨기 줍는 코 위치

본체를 뜨는 방법

1단 : 긴뜨기 3코 변형 구슬뜨기는 기초코를 통째로 주워서 뜬다.
2단 : 전 단의 사슬뜨기를 통째로 주워서 뜬다.
3·5·7단 : 뜨개 조직을 뒷면이 보이게 잡고, 전 단을 앞쪽으로 젖혀서 짧은뜨기 앞걸어뜨기를 뜬다(p.36 참고).
4·6단 : 전 단의 사슬을 통째로 주워서 뜬다.
8단 : 한길긴뜨기는 전 단의 사슬을 통째로 주워서 뜬다.
9단 : 전 단의 사슬을 통째로 주워서 한길긴뜨기, 두길긴뜨기를 뜬다.
10단 : 7단의 4군데에 각각 실을 연결해 잎을 떠준다.
11단 : ×는 잎의 짧은뜨기 머리(●)와 전 단의 사슬을 통째로 주워서 2장을 같이 짧은뜨기를 뜬다. 그 외의 짧은뜨기는 전 단의 사슬을 통째로 주워서 뜬다.
12~15단 : 한길긴뜨기와 짧은뜨기는 전 단의 사슬을 통째로 주워서 뜬다.
※ 전부 다 뜬 뒤 스팀 다리미질을 해서 형태를 정리한다(p.35 참고).

3 본체의 배색표

단수	배색
15·16	123
14	74
12·13	123
10·11	13
7~9	123
5·6	64
3·4	74
2	64
1	123

아이리시 로즈 납작 주머니

Photo … p.4 Point Lesson … p.36 Size … 폭 15×깊이 21㎝

재료
실 리치모어 퍼센트
베이지 계열(123) … 36g, 붉은색 계열(74) … 9g,
적자색 계열(64) … 8g, 녹색 계열(13) … 6g
바늘 모사용 코바늘 4/0호(2.5㎜)

뜨는 순서
1. 본체는 p.42의 작품, **3**을 참고해서 2장 뜬다.
2. 2장을 겉이 보이게 겹쳐 놓고, 바닥과 옆면의 3면을 감침질한다.
3. 본체에 실을 연결해, 입구 쪽에 사슬 3코 그물뜨기를 도안처럼 10단 원형뜨기를 한다.
4. 끈 2줄과 뜨개구슬 2개를 뜬다. 본체에 끈을 통과시키고, 끈의 끝 부분에 뜨개구슬을 바느질해서 붙여준다.

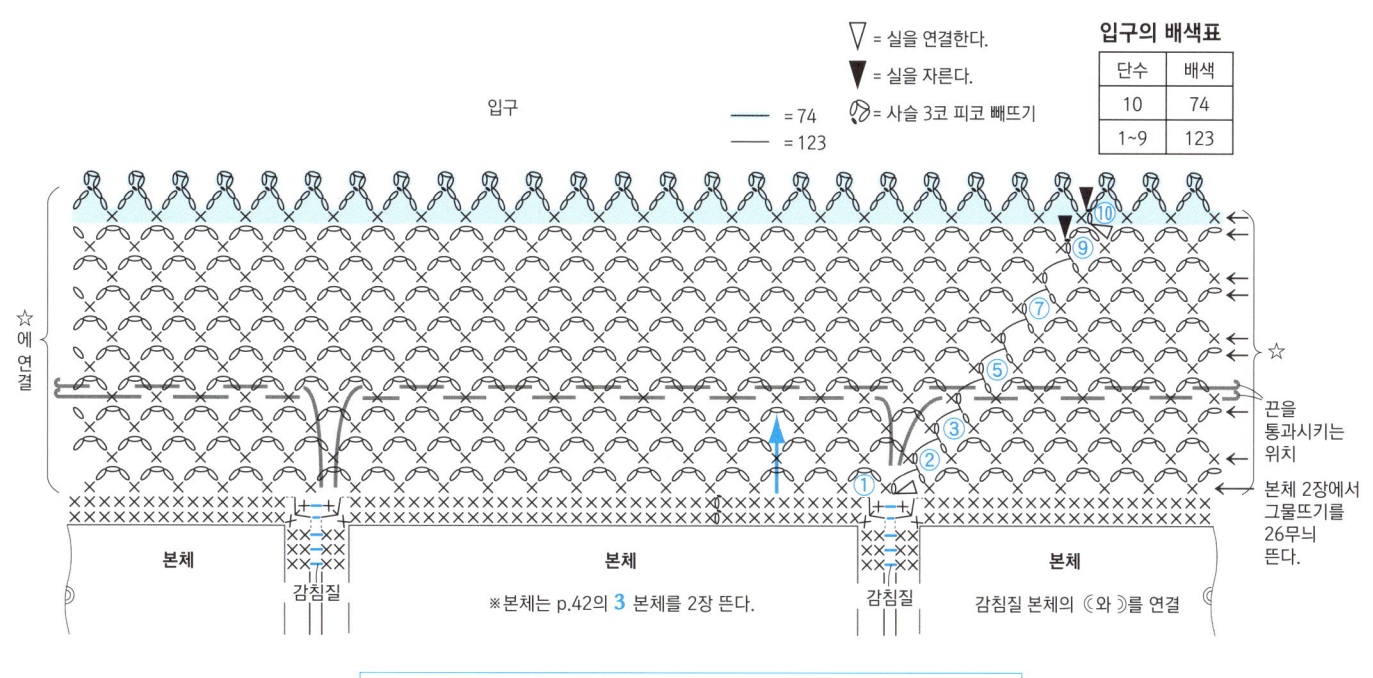

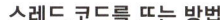

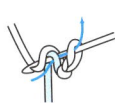
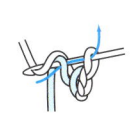

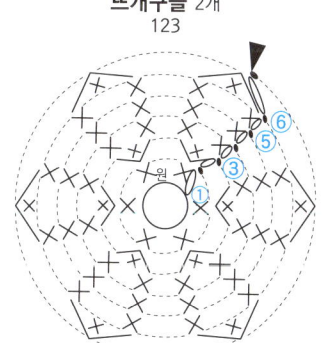

뜨개구슬의 콧수표

단수	콧수	증감코
6	6	-6
3~5	12	
2	12	+6
1	6	

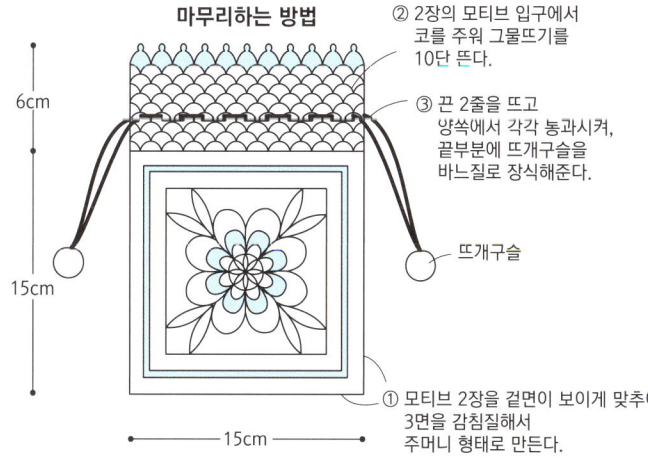

4
Photo … p.7   Size … 직경 10㎝

재료
실 하마나카 순모 중세사
민트색(34) … 3g, 황록색(22) … 2g, 오프화이트색(1) … 1g, 연노랑색(33) … 약간
바늘 모사용 코바늘 3/0호(2.3mm)

뜨는 순서
1 가운데 꽃 9장을 ❶~❾의 순서대로 떠서 연결한다.
2 꽃 주변 4장의 잎을 지정된 꽃의  부분을 떠 가면서 A~D의 순서대로 뜬다.
   먼저 사슬(19코)을 만들고, 잎의 위쪽은 기초코의 사슬코산을 주워서 뜬다.
   잎의 아래쪽은 기초코(사슬)의 아래쪽 반코를 주워서 뜬다.
3 본체 4장의 잎 가장자리에 오프화이트색으로 빼뜨기의 이랑뜨기를 떠서 마무리한다.
※ 전부 다 뜬 뒤 스팀 다리미질을 해서 형태를 정리해준다(p.35 참고).

본체

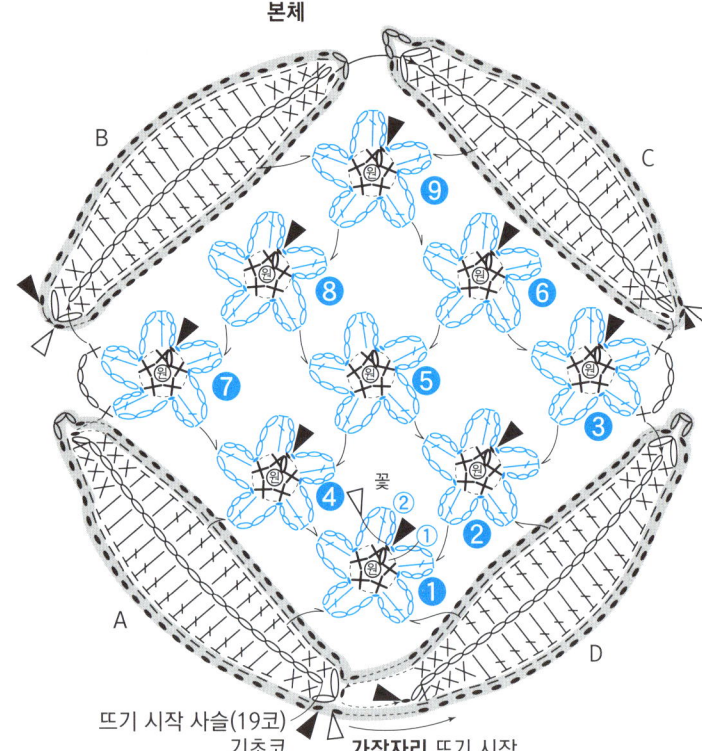

▽ = 실을 연결한다.
▼ = 실을 자른다.
＝ = 빼뜨기의 이랑뜨기
↗ = 한길긴뜨기로 떠서 연결하는 위치

잎을 뜨는 방법
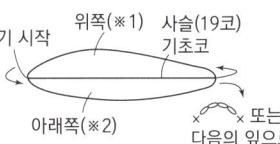

배색표

기호	색
—(민트)	민트색
—	연노랑색
▨	오프화이트색
—	황록색

 = 위쪽은 사슬의 코산을 주워서 뜬다.

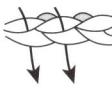 = 아래쪽은 사슬의 아래쪽 반코를 주워서 뜬다.

5
Photo … p.7   Size … 직경 10㎝

재료
실 하마나카 순모 중세사
붉은색(10)·녹색(24) … 각 3g, 연노랑색(33) … 2g, 핑크색(36) … 약간
바늘 모사용 코바늘 3/0호(2.3mm)

뜨는 순서
1 중심의 꽃술을 도안처럼 1장 뜬다(안쪽을 겉으로 사용).
2 첫 번째 꽃은 꽃술에, 2장째부터는 꽃과 꽃에 연결하면서 5장을 뜬다.
3 실을 바꾸어 5장의 꽃을 감싸듯이, 도안처럼 가장자리를 2단 떠서 마무리한다.
※전부 다 뜬 뒤 스팀 다리미질을 해서 형태를 정리해준다(p.35 참고).

▽ = 실을 연결한다.
▼ = 실을 자른다.
⬡ = 사슬 4코 피코 빼뜨기
↗ = 떠서 연결하는 위치

본체

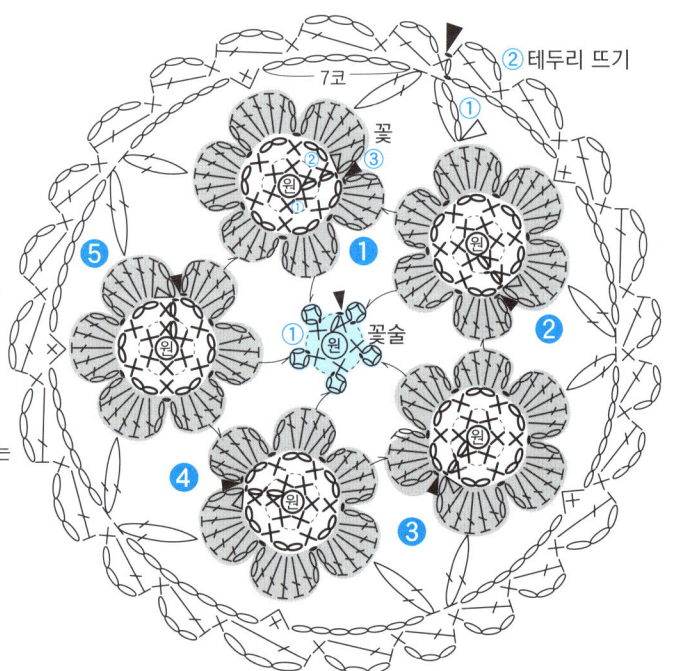

배색표

기호	색
테두리 뜨기 —	녹색
꽃술 —	핑크색
꽃 ▨	붉은색
—	연노랑

6

Photo … p.7   Size … 10×10㎝

재료
실 리치모어 퍼센트
흰색(1) … 3g, 황록색 계열(16)·보라색 계열(56) … 각 2g, 보라색 계열(55) …
1g, 감색 계열(47) … 약간
바늘 모사용 코바늘 4/0호(2.5㎜)

뜨는 순서
3·6·7·8·9단 : 전 단의 사슬에 뜨는 기호는 사슬을 통째로 주워서 뜬다.
※ 전부 다 뜬 뒤 스팀 다리미질을 해서 형태를 정리해준다(p.35 참고).

▽ = 실을 연결한다.
▼ = 실을 자른다.
⋎ = 짧은뜨기 3코를 뜬다.

6 배색표

단수	기호	색
9·10	——	1
7·8	——	16
5·6	——	55
4	——	56
2	——	47
1·3	——	1

본체

7

Photo … p.7   Size … 10×10㎝

재료
실 리치모어 퍼센트
흰색(1) … 4g, 물색 계열(23) … 2g·보라색 계열(50)·황색 계열(4) … 각 1g
바늘 모사용 코바늘 4/0호(2.5㎜)

뜨는 방법
5~9단 : 전 단의 사슬을 뜨는 기호는 사슬을 통째로 주워서 뜬다.
※전부 다 뜬 뒤 스팀 다리미질을 해서 형태를 정리해준다(p.35 참고).

▽ = 실을 연결한다.
▼ = 실을 자른다.
⋎ = 짧은뜨기 3코를 뜬다.

7 배색표

단수	기호	색
8~10	——	1
6·7	——	23
4·5	——	1
3	——	4
	——	50
2	——	50
1	——	4

숄의 모티브 배색표

단수	기호	7의 a	7의 b	7의 c
8~10	——	1	1	1
6·7	——	23	23	23
4·5	——	1	1	1
3	——	53	66	4
	——			50
2	——	68	63	50
1	——	4	4	4

본체

비올라와 네모필라 숄 Photo … p.6 Size … 도안 참고

재료
실 리치모어 퍼센트
흰색(1) … 220g, 물색 계열(23) … 20g, 황록색 계열(16) … 14g, 황색 계열(4)·보라색 계열(50) … 각 7g, 보라색 계열(56) … 6g, 보라색 계열(55) … 5g,
보라색 계열(53)·(66)·적자색 계열(63)·(68) … 각 3g, 감색 계열(47) … 약간
바늘 모사용 코바늘 4/0호(2.5㎜)

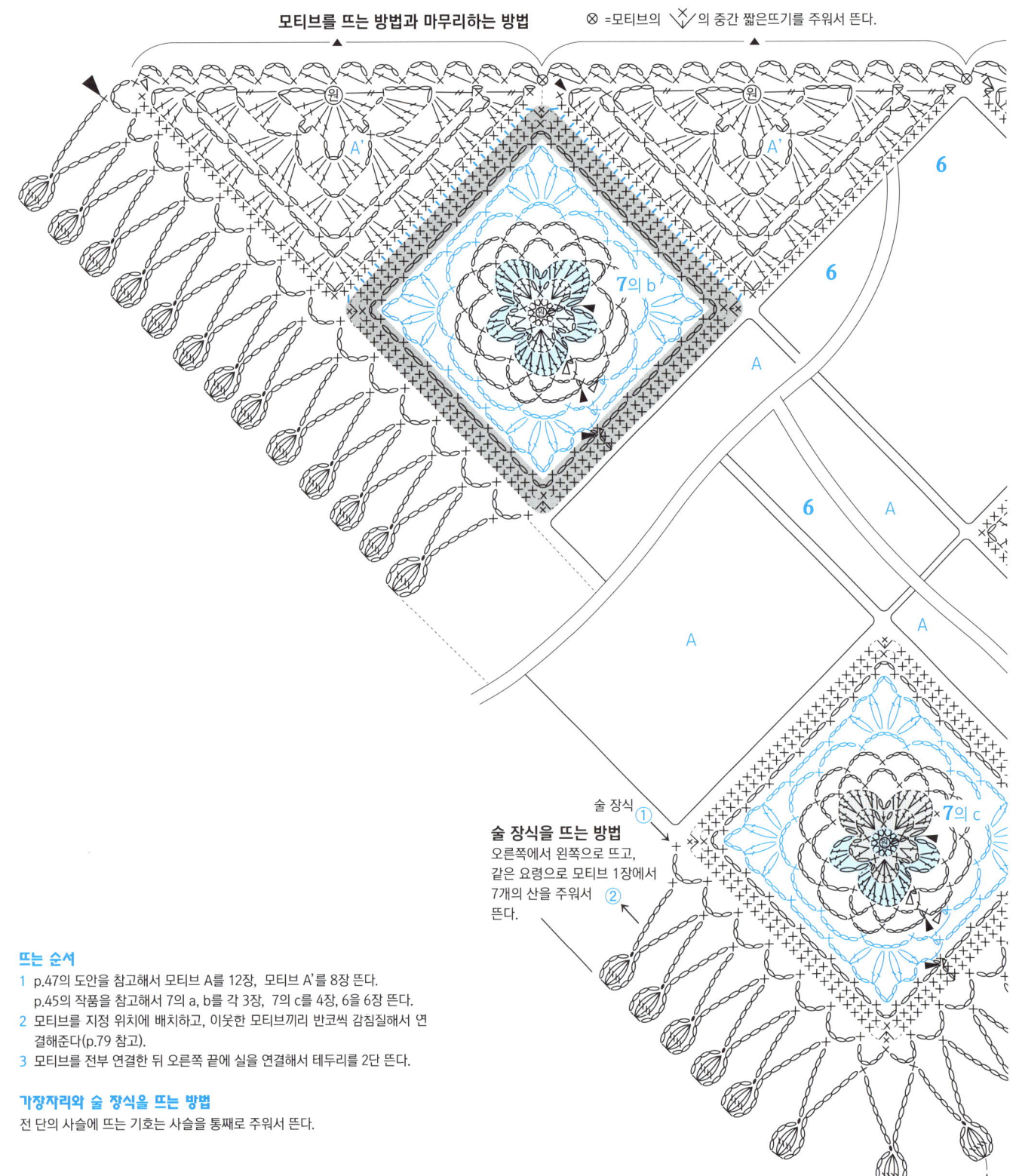

뜨는 순서
1 p.47의 도안을 참고해서 모티브 A를 12장, 모티브 A'를 8장 뜬다.
  p.45의 작품을 참고해서 7의 a, b를 각 3장, 7의 c를 4장, 6을 6장 뜬다.
2 모티브를 지정 위치에 배치하고, 이웃한 모티브끼리 반코씩 감침질해서 연결해준다(p.79 참고).
3 모티브를 전부 연결한 뒤 오른쪽 끝에 실을 연결해서 테두리를 2단 뜬다.

가장자리와 술 장식을 뜨는 방법
전 단의 사슬에 뜨는 기호는 사슬을 통째로 주워서 뜬다.

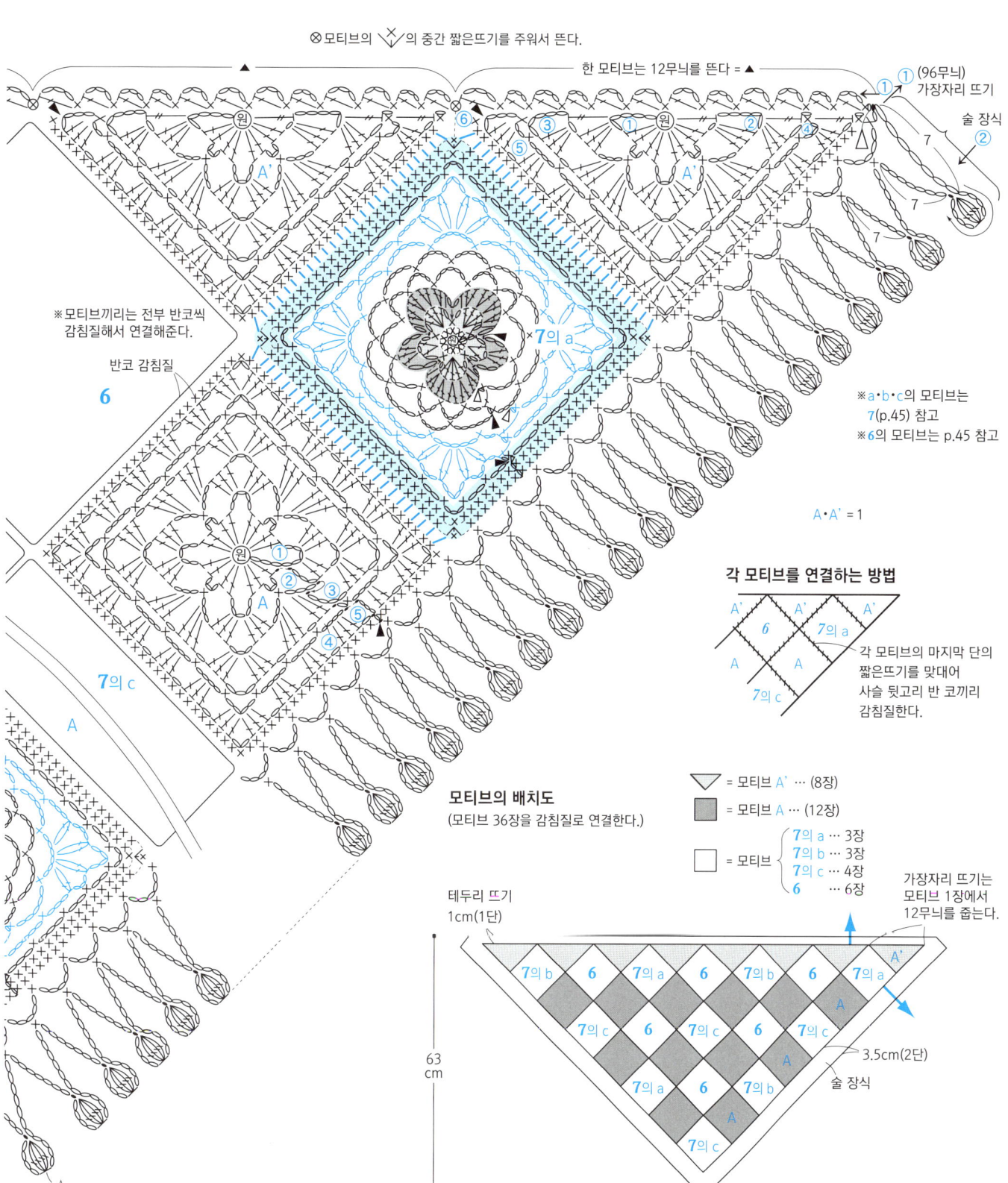

9

Photo … p.9 Size … 10×10㎝

재료
실 리치모어 퍼센트
붉은색 계열(73) … 4g, 베이지색 계열(81) … 3g,
크림색 계열(3)·갈색 계열(76) … 각 2g, 황록색 계열(14) … 약간
바늘 모사용 코바늘 5/0호(3.0㎜)

뜨는 방법
※ 도안은 ❶, ❷의 순서대로 뜬다
2단 : 1단의 사슬 앞고리 반코를 주워서 뜬다.
3단 : 1단의 사슬 뒷고리 반코를 주워서 뜬다.
4단 : 3단의 사슬 앞고리 반코를 주워서 뜬다.
7단 : 3단의 사슬 뒷고리 반코를 주워서 뜬다.
9·12단 : 8단의 사슬 앞고리 반코를 주워서 뜬다.
13단 : 본체의 8단 사슬 뒷고리 반코에서 코를 주워서 뜬다.
14~16단 : 전 단의 사슬에 뜨는 기호는 사슬을 통째로 주워서 뜬다.
※전부 다 뜬 뒤 스팀 다리미질을 해서 형태를 정리해준다(p.35 참고).

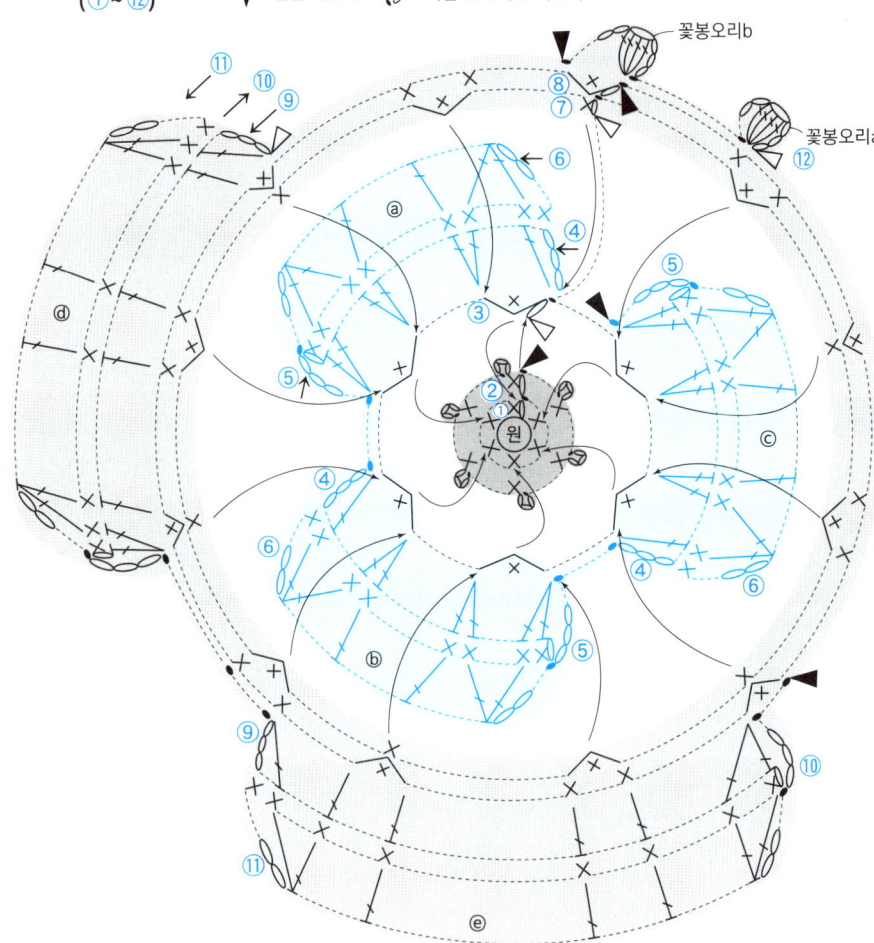

❶ 중심의 모티브 (①~⑫)

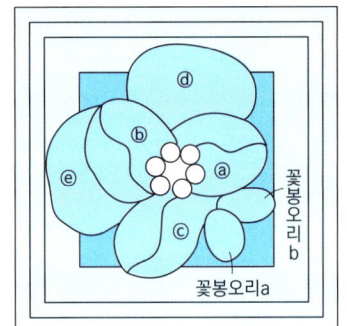

9 모티브의 배색표

	단수	배색
본체	⑰	3
	⑮·⑯	81
	⑬·⑭	76
꽃봉오리	⑫	73
바깥쪽 꽃잎	⑨~⑪	73
꽃받침	⑦·⑧	73
안쪽 꽃잎	④~⑥	73
꽃받침	③	73
꽃술	①·②	14

가방 모티브 A·B의 배색표

	단수	모티브A 4장	모티브B 4장
본체	⑰	3	3
	⑮·⑯	22	22
	⑬·⑭	33	33
꽃봉오리	⑫	70	a=72 b=1
바깥쪽 꽃잎	⑨~⑪	72	1
꽃받침	⑦·⑧	70	1
안쪽 꽃잎	④~⑥	70	a·c=1 b=72
꽃받침	③	70	1
꽃술	①·②	6	6

❷ 본체(⑬~⑰)

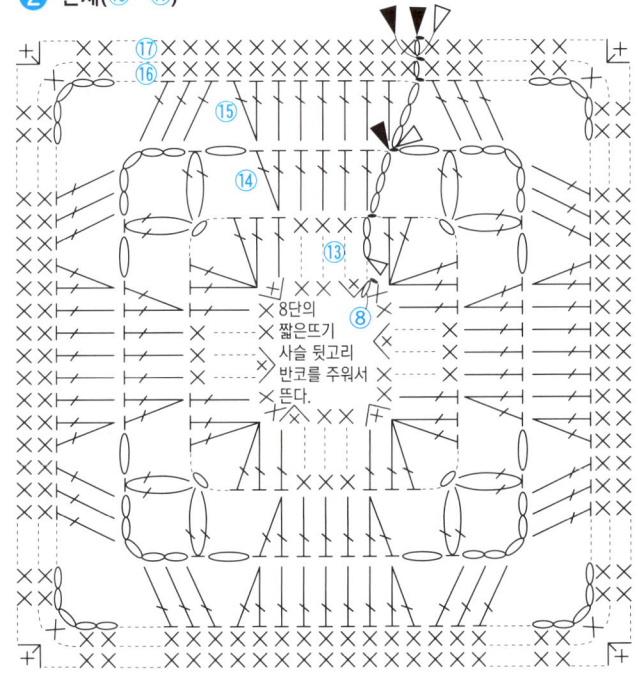

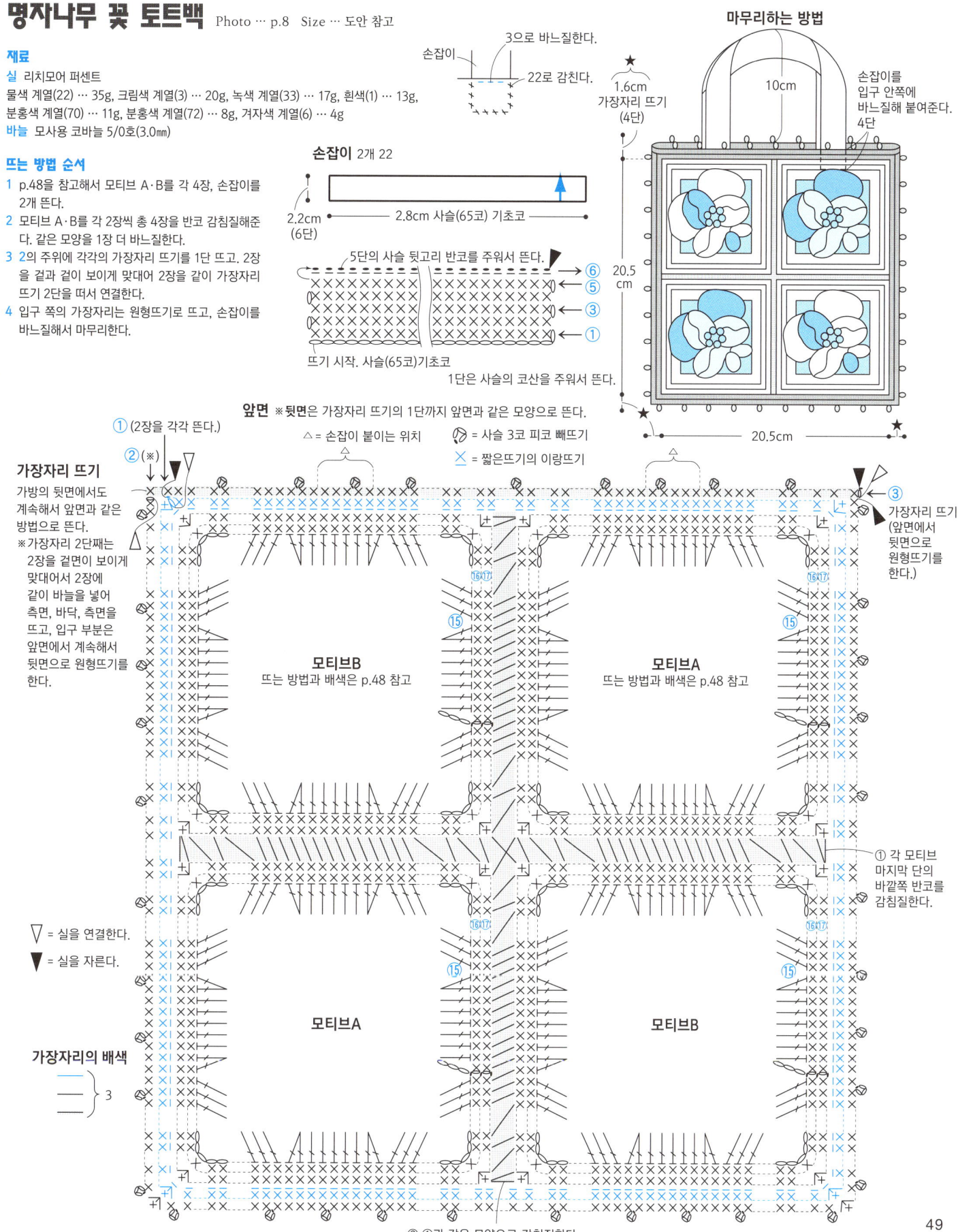

8

Photo … p.9   Size … 10×10cm

재료
실 리치모어 퍼센트
분홍색 계열(70) … 4g, 흰색(1)·분홍색 계열(114) … 각 3g, 황색 계열(6) … 약간
바늘 모사용 코바늘 5/0호(3.0mm)

본체를 뜨는 방법
2·3단 : 전 단의 사슬을 통째로 주워서 뜬다.
4단 : 전 단의 사슬코에 뜨는 짧은뜨기는 사슬을 통째로 주워서 뜬다.

꽃을 뜨는 방법
실 끝을 10cm 정도 남기고 뜨기 시작해서 3단을 뜬다.

꽃봉오리를 뜨는 방법
실 끝을 10cm 정도 남기고, 실 끝은 겉으로 빼둔다.

마무리하는 방법
꽃과 꽃봉오리를 본체에 바느질해준다.
꽃은 먼저 꽃술의 중심을 바느질한 뒤 꽃잎이 말리지 않게 70의 실을 반으로 갈라서 군데군데 바느질한다.
※전부 다 뜬 뒤 스팀 다리미질을 해서 형태를 정리해준다(p.35 참고).

본체의 배색표

단수	배색
5	1
4	114
1~3	70

● = 꽃봉오리 붙이는 위치
○ = 꽃 붙이는 위치

본체

▽ = 실을 연결한다.
▼ = 실을 자른다.
= 짧은뜨기 3코를 뜬다.

꽃 4장   (1단)=6
         (2단)=1

뜨기 시작할 때 실 끝을 10cm 남긴다.

☆의 ● = 중심 쪽에서 바늘을 넣어 ●의 가로 2올을 주워서 빼뜨기한다.

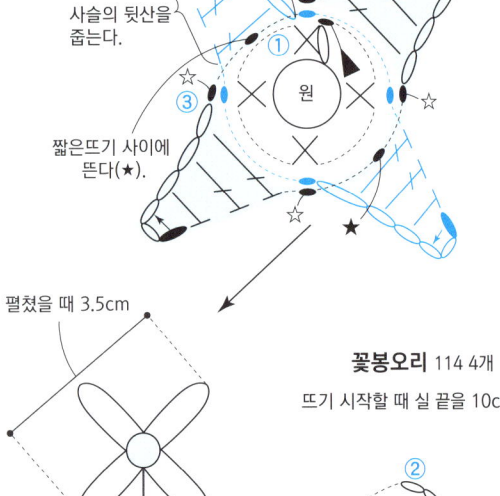

사슬의 뒷산을 줍는다.
짧은뜨기 사이에 뜬다(★).
펼쳤을 때 3.5cm
실 끝을 겉으로 빼낸다.

꽃봉오리 114 4개
뜨기 시작할 때 실 끝을 10cm 남긴다.

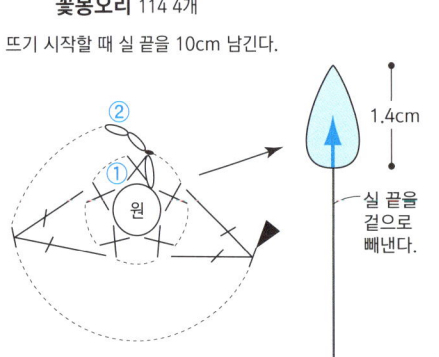

1.4cm
실 끝을 겉으로 빼낸다.

마무리하는 방법

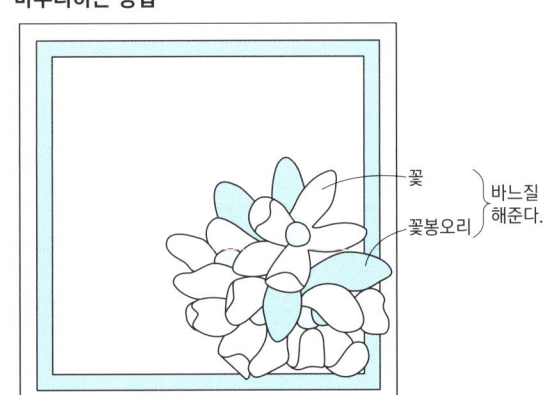

꽃
꽃봉오리
바느질해준다.

10 Photo … p.11   Size … 직경 10㎝

재료
실 리치모어 퍼센트
물색 계열(23) … 5.5g, 흰색(1)·분홍색 계열(69) …
각 2.5g, 분홍색 계열(72) … 2g, 황색 계열(4) … 0.5g
바늘 모사용 코바늘 4/0호(2.5㎜)

뜨는 순서
1 본체와 꽃잎, 꽃 a·b·c를 뜬다.
2 꽃 a·b·c·꽃술의 순서대로 중심에 실을 통과시켜 겹쳐서 고정, 본체에 바느질해준다.
※전부 다 뜬 뒤 스팀 다리미질을 해서 형태를 정리해 준다(p.35 참조).

아래에서부터 꽃a·꽃b·꽃c·꽃술의 순서대로 중심에 실을 통과시켜 겹쳐서 고정하고, 본체에 바느질해준다.

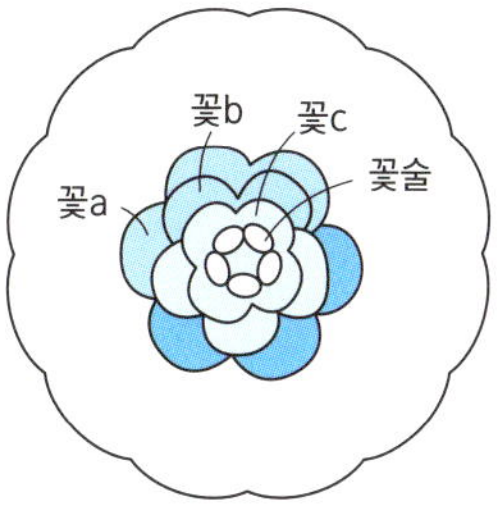

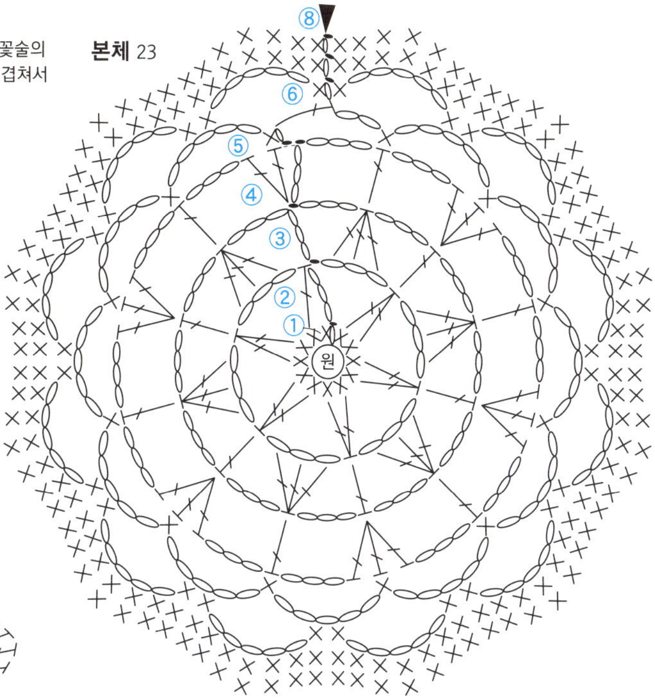

꽃a ── = 72
    ── = 69
▽ = 실을 연결한다.
▼ = 실을 자른다.

꽃b ── = 69
    ── = 1

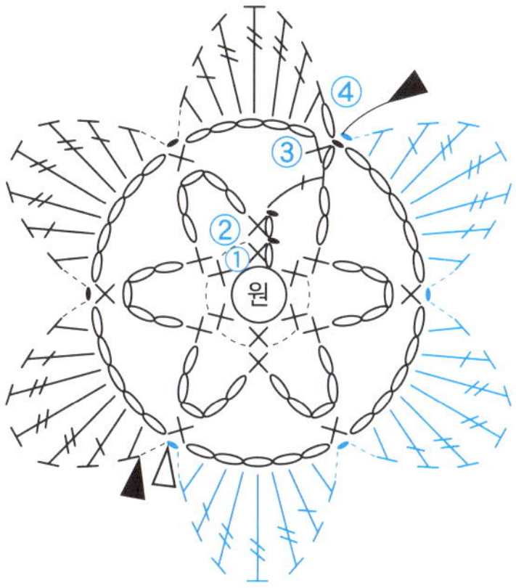

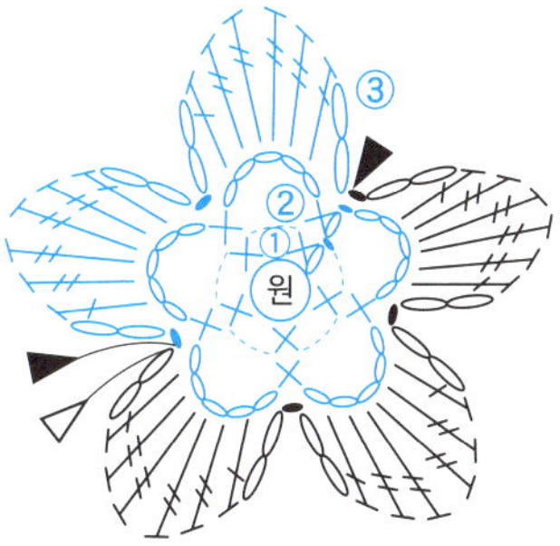

본체 23

꽃c 3
    1

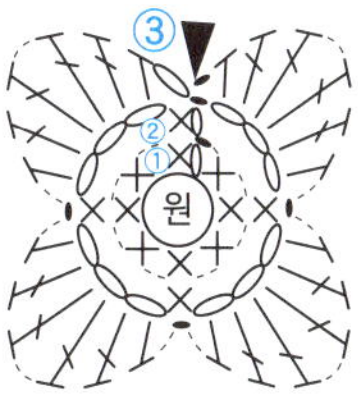

꽃술 4
뜨기 시작 사슬(4코)
1.4cm
● = ○에 빼뜨기
사슬의 코산을 주워서 뜬다.

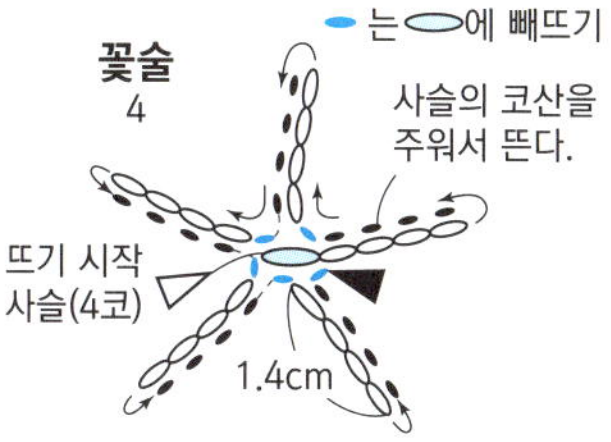

11·12 Photo … p.11   Size … 10×10㎝

재료
실 하마나카 순모 중세사
11 녹황색(22) … 3.5g, 오프화이트색(1) … 1.5g, 연보라색(13) … 1g, 핑크색(36) … 0.5g
12 민트색(34) … 3.5g, 연복숭아색(31) … 1.5g, 연갈색(4) … 1g, 녹황색(22) … 0.5g
바늘 모사용 코바늘 3/0호(2.3㎜)

뜨는 순서
1 본체의 2~8단은 전 단의 사슬을 통째로 뜬다.
2 꽃을 3장 뜨고, 본체의 지정 위치에 바느질한다.
※전부 다 뜬 뒤 스팀 다리미질을 해서 형태를 정리해준다 (p.35 참조).

▽ = 실을 연결한다.
▼ = 실을 자른다.
= 짧은뜨기 3코를 뜬다.
= 사슬 2코 피코 빼뜨기

꽃 3장
뜨기 시작할 때 실 끝은 10cm 남긴다.

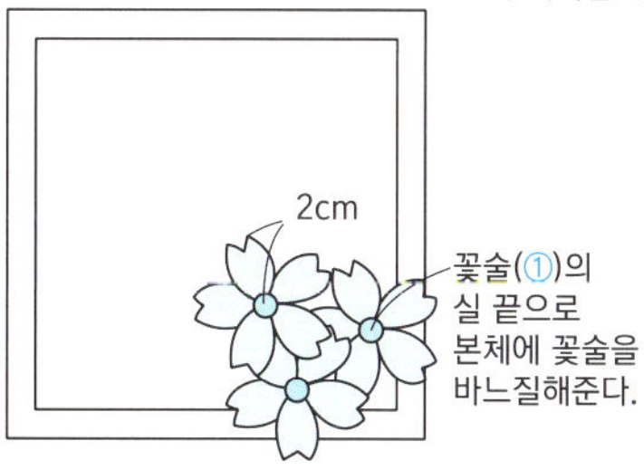

꽃술(①)의 실 끝으로 본체에 꽃술을 바느질해준다.

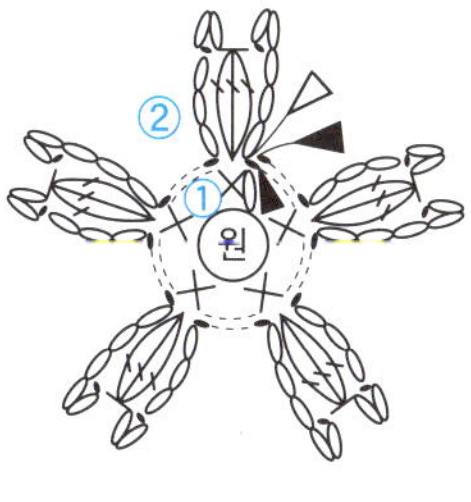

본체
● 표시에 꽃의 중심을 맞추어 바느질해준다.

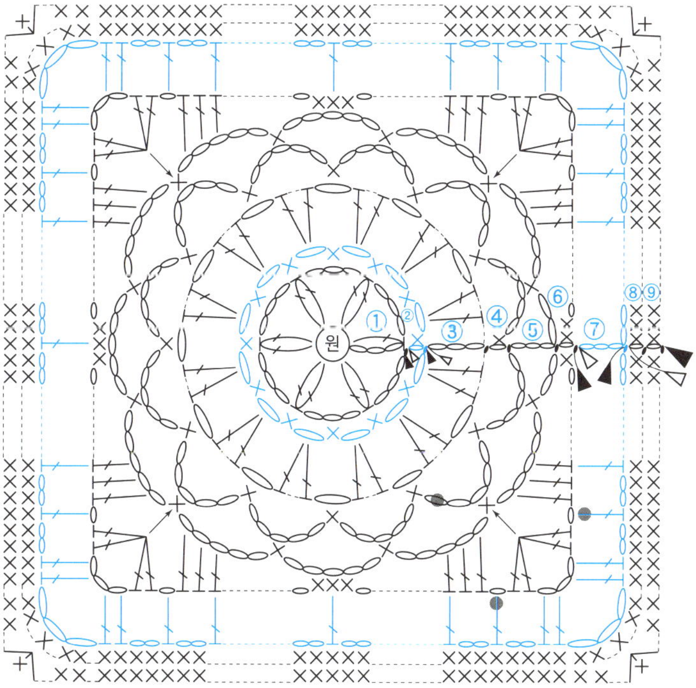

배색표

	본체		꽃술①	꽃잎②
11	녹황색	연보라색	핑크색	오프화이트색
12	민트색	연갈색	녹황색	연복숭아색

31

Photo … p.23   Size … 직경 10㎝

재료
실 리치모어 퍼센트
흰색(1) … 3g, 보라색 계열(53) … 2g, 녹색 계열(13)·황색 계열(101) … 각 1g
바늘 모사용 코바늘 4/0호(2.5㎜)

▽ = 실을 연결한다.
▼ = 실을 자른다.

본체를 뜨는 방법
2단 : 한길긴뜨기 3코 구슬뜨기는 전 단의 사슬을 통째로 줍는다. 2장째부터는 지정 위치에 연결하면서 뜬다(p.35 참고).
3단 : 연결된 모티브 중심 쪽을 떠서 연결한다. 짧은뜨기(×)는 전 단의 사슬코의 코산을 주워서 뜬다.
4단 : 연결된 모티브 바깥 둘레를 떠서 연결한다. 짧은뜨기(×)는 3단과 같은 방법으로 뜬다. 한길긴뜨기 3코 구슬뜨기는 2단의 한길긴뜨기 3코 구슬뜨기의 머리 뒷고리 반코를 주워서 뜬다.
5단 : 한길긴뜨기는 전 단의 사슬을 통째로 줍는다.
※전부 다 뜬 뒤 스팀 다리미질을 해서 형태를 정리한다(p.35 참고).

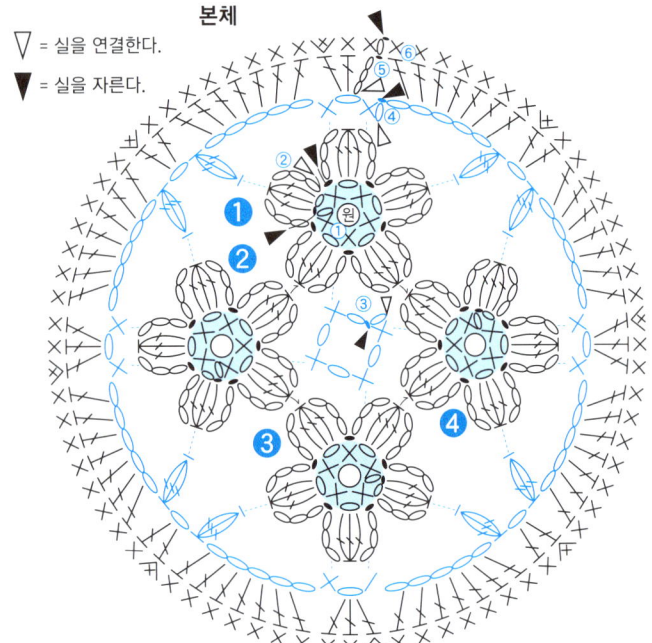

본체

↑ = 한길긴뜨기를 뜨면서 연결하는 위치
(사슬 3코를 떴다면 한 번 바늘을 빼고 지정 위치에 바늘을 넣은 다음, 계속해서 빼냈던 코에 바늘을 넣어 한길긴뜨기 3코 구슬뜨기를 뜬다.)

◇ = 한길긴뜨기 3코 구슬뜨기의 이랑뜨기

본체의 콧수표

단수	콧수·무늬
6단	84코
5단	76코
4단	64코
3단	8코
2단	5무늬
1단	10코

본체의 배색표

단수	색
5·6단	1
3·4단	13
2단	53
1단	101

에키자캄 멀티 커버

Photo … p.22   Size … 40㎝×27㎝

재료
실 리치모어 퍼센트
흰색(1) … 28g, 보라색 계열(53) … 21g, 녹색 계열(13) … 10g, 황색 계열(101) … 5g
바늘 모사용 코바늘 4/0호(2.5㎜)

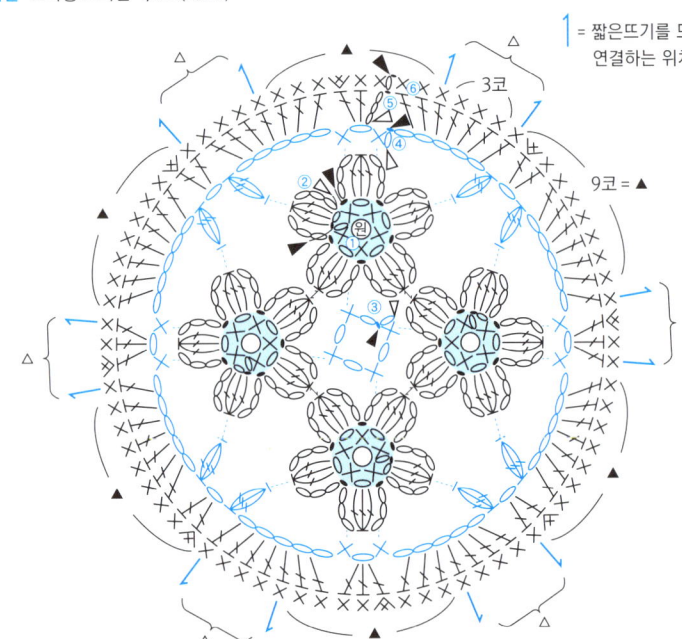

↑ = 짧은뜨기를 뜨면서 연결하는 위치

9코 = ▲

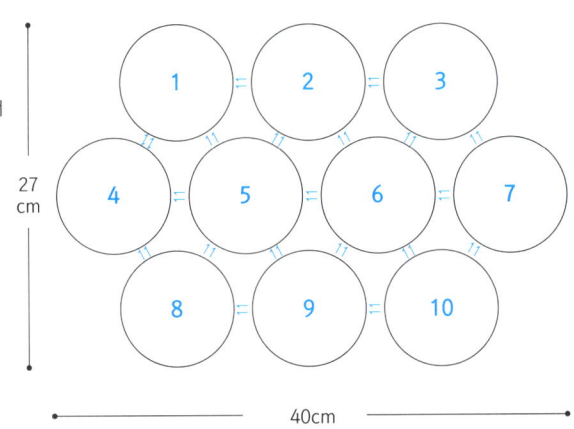

모티브를 연결하는 방법과 순서

27cm

40cm

※모티브는 작품 **31**을 참고해서 뜬다.

뜨는 방법과 순서(연결하는 위치는 p.53 참고)
1 1의 모티브를 1장 뜬다.
2 2장째부터는 2의 모티브 6단의 지정 위치에서 바늘을 빼고, 1의 모티브의 지정 코에 바늘을 넣어서 빼뜨기한다. 계속해서 짧은뜨기를 3코 뜨고, 한 번 더 1의 모티브에 바늘을 넣어 2의 모티브를 떠 나간다.
3 3~10은 같은 방법으로 지정 위치에 연결하면서 떠 나간다.

멀티 커버의 연결 위치

▮ = 짧은뜨기로 떠서
　　연결하는 위치

53

29　Photo … p.23　Size … 직경 10㎝

재료
실　리치모어 퍼센트
감색 계열(47) … 3g, 보라색 계열(56) … 2g, 황색 계열(5) … 1g
바늘　모사용 코바늘 4/0호(2.5㎜)

본체를 뜨는 방법
1~3단은 뒷면을 겉으로 사용한다.
4단 : 1~3단의 뜨개 조직의 뒷면을 겉으로 해서, 전 단의 빼뜨기 부분을 주워 기둥코 1코, 짧은뜨기를 1코 뜨고, 사슬코 7개를 뜬다. 긴뜨기와 한길긴뜨기는 사슬의 코산을 주워서 뜬다.
5단 : 짧은뜨기(×)는 전 단의 기둥코의 사슬(○○)의 뒷고리 반코와 코산을 주워서 뜬다.
6·7단 : 전 단의 사슬에 뜨는 기호는 사슬을 통째로 주워서 뜬다.
※전부 다 뜬 뒤 스팀 다리미질을 해서 형태를 정리한다(p.35 참고).

본체의 배색표

단수	배색
5~7단	47
4단	56
1~3단	5

▽ = 실을 연결한다.
▼ = 실을 자른다.
× (5단) = 4단의 사슬코의 코산과 뒷고리 반코와 코산을 주워서 뜬다.

본체

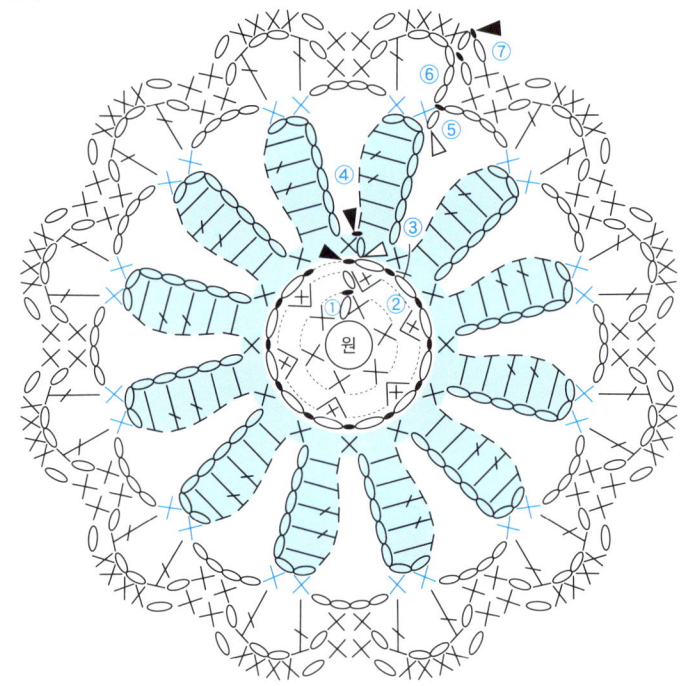

30　Photo … p.23　Size … 직경 10㎝

재료
실　리치모어 퍼센트
크림색 계열(20) … 4g, 보라색 계열(49) … 2g, 감색 계열(47)·황록색 계열(14) … 약간
바늘　모사용 코바늘 4/0호(2.5㎜)

본체를 뜨는 방법
3단 : 전 단의 사슬뜨기를 통째로 주워서 뜬다.
4단 : 긴뜨기 3코 구슬뜨기는 전 단의 사슬뜨기를 통째로 주워서 뜬다.
5단 : 전 단의 한길긴뜨기 2코 모아뜨기의 사슬 뒷고리 반코를 주워서 짧은뜨기를 뜬다.
　　　그 외의 코는 전 단의 사슬뜨기를 통째로 주워서 뜬다.
7·8단 : 짧은뜨기는 전 단의 짧은뜨기를 통째로 주워서 뜬다.
※전부 다 뜬 뒤 스팀 다리미질을 해서 형태를 정리한다(p.35 참고).

본체의 배색표

	단수	배색
—	5~8단	20
—	3·4단	49
—	2단	14
—	1단	47

▽ = 실을 연결한다.
▼ = 실을 자른다.
◯ (8단) = 긴뜨기 2코 구슬뜨기
× (5단) = 짧은뜨기의 이랑뜨기
⦙ (4단) = 긴뜨기 3코 구슬뜨기

본체

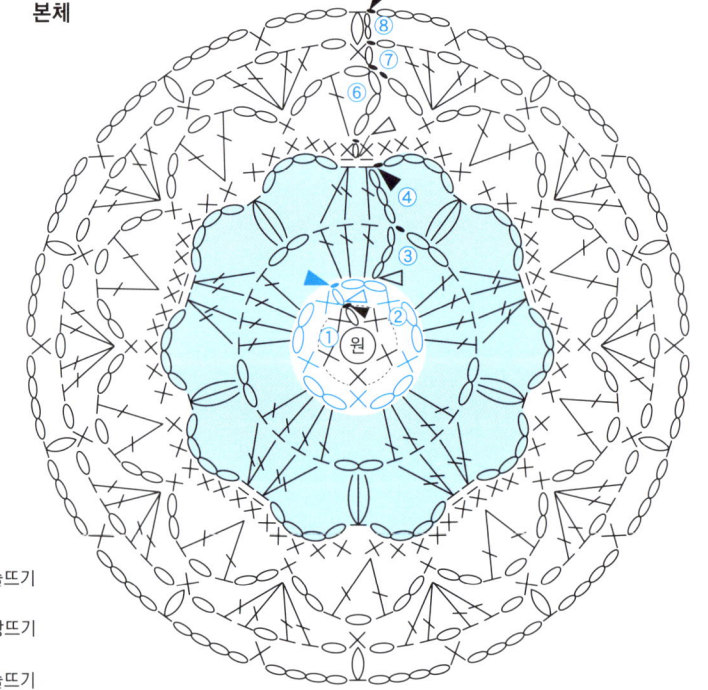

14

Photo … p.13   Size … 10×10㎝

재료
실 리치모어 퍼센트
청색 계열(111) … 3g, 흰색(1)·황록색 계열(16)·보라색 계열(56) … 각 1g
바늘 모사용 코바늘 4/0호(2.5㎜)

뜨는 방법
※도안은 ❶, ❷의 순서대로 뜬다.
2단 : 꽃술 1단의 사슬 앞고리 반코를 주워서 빼뜨기로 뜬다.
3단 : 2단을 앞쪽으로 젖혀 꽃술 1단의 사슬 뒷고리 반코를 주워서 뜬다.
    2장째부터는 지정 위치에서 꽃을 연결하면서 떠 나간다.
4단 : 뜨개 조직을 뒤로 돌려서 잡고, 지정 위치에 실을 연결해서 공간을 떠서 채운다.
  ★은 모티브를 떠서 연결한 ●의 다리를 갈라서 줍는다.
5·6단 : 전 단의 사슬에 뜨는 기호는 사슬을 통째로 주워서 뜬다.
※전부 다 뜬 뒤 스팀 다리미질을 해서 형태를 정리한다(p.35 참고).

❷ 본체

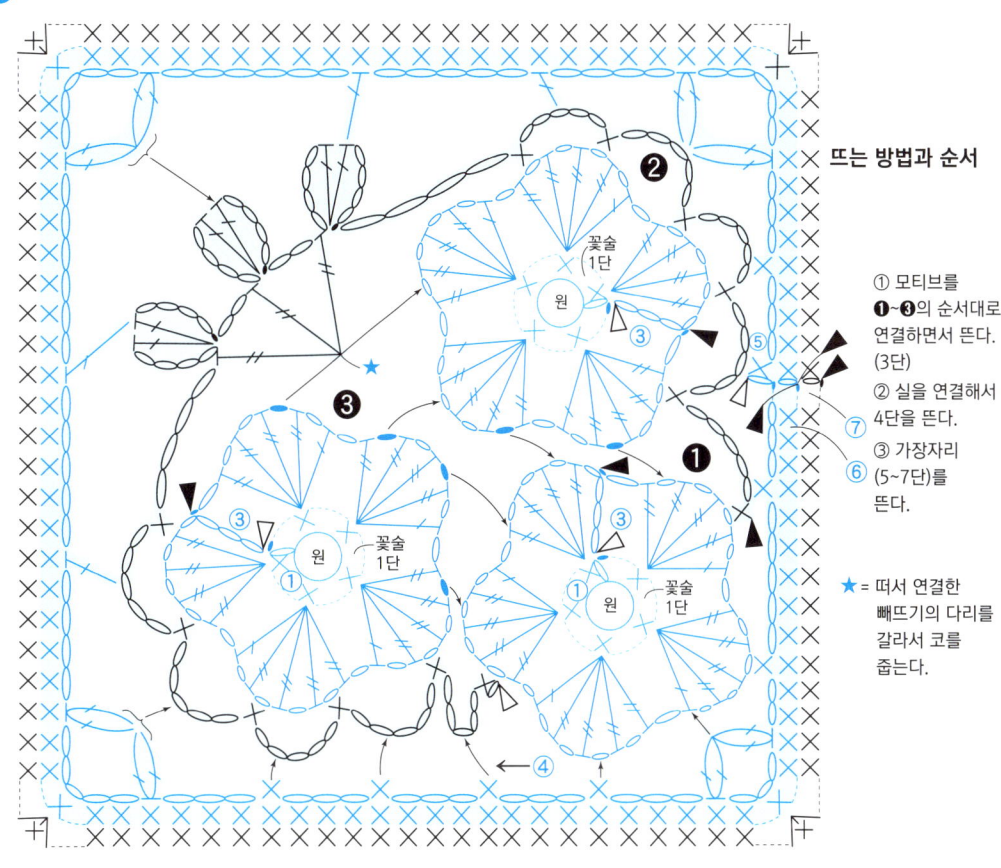

뜨는 방법과 순서
① 모티브를 ❶~❸의 순서대로 연결하면서 뜬다. (3단)
② 실을 연결해서 4단을 뜬다.
③ 가장자리 (5~7단)를 뜬다.

★ = 떠서 연결한 빼뜨기의 다리를 갈라서 코를 줍는다.

▽ = 실을 연결한다.
▼ = 실을 자른다.
 = 짧은뜨기 3코를 뜬다.

❶ 꽃술   ─── = 111
         ─── = 1

● = 1단의 ╳의 사슬 앞고리 반코를 주워서 뜬다.

● = 에 뜬다.

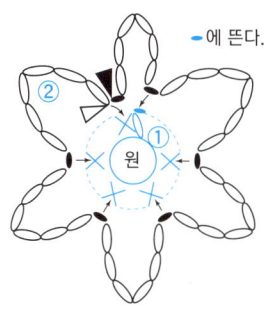

2.9cm

꽃잎
꽃술

꽃술·본체의 배색표

단수	기호	배색
7	───	1
5·6	───	16
4	───	56
3	───	111
2	───	1
1	───	111

모티브를 연결하는 방법

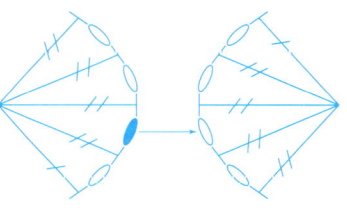

연결하는 코의 겉면에서 바늘을 넣어 통째로 빼뜨기를 뜬다(p.35 참고).

13

Photo … p.13　Size … 10×10㎝

재료
실 리치모어 퍼센트
적자색 계열(63) … 7g, 보라색 계열(67) … 3g, 분홍색 계열(69) … 1g, 물색 계열(22) … 약간
바늘 모사용 코바늘 4/0호(2.5㎜)

뜨는 방법
※도안은 ❶, ❷의 순서대로 뜬다.
2단 : 짧은뜨기는 1단의 사슬 앞고리 반코를 주워서 뜬다.
3·4단 : 전 단의 사슬에 뜨는 기호는 사슬을 통째로 주워서 뜬다.

본체를 뜨는 방법
5단 : 꽃술 1단에 남아 있는 사슬 뒷고리 반코를 주워서 뜬다.
6~9단 : 전 단의 사슬에 뜨는 기호는 사슬을 통째로 주워서 뜬다.
※전부 다 뜬 뒤 스팀 다리미질을 해서 형태를 정리한다(p.35 참고).

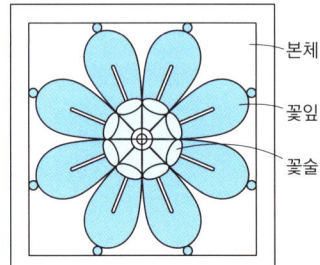

꽃술·꽃잎·본체의 배색표

단수	배색
(5~10단)	63
(4단)	67
(3단)	69
(2단)	22
(1단)	69

본체
꽃잎
꽃술

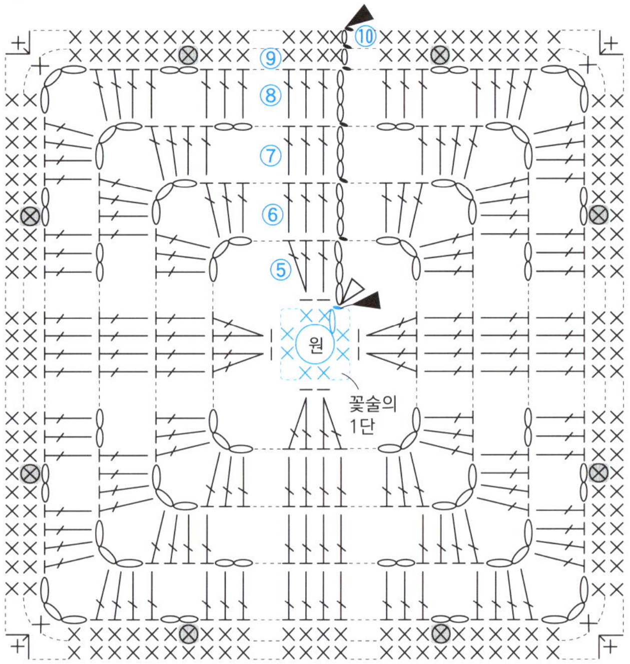

크레마티스 주머니

Photo…p.12　Size…도안 참고

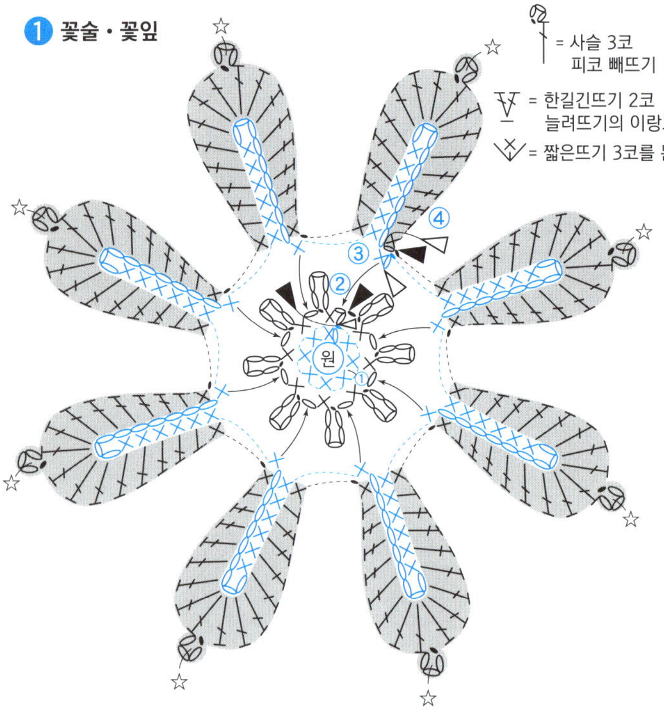

재료
실 리치모어 퍼센트
회색 계열(121) … 60g, 보라색 계열(68) … 15g, 크림색 계열(3) … 7g,
황록색 계열(16) … 4g, 흰색(1) … 3g
바늘 모사용 코바늘 4/0호(2.5㎜)

뜨는 방법
1. 바닥 1장, 측면 모티브 4장, 끈 마감 장식 2개, 끈은 스레드 코드(100코)로 2줄을 뜬 뒤 다림질해서 50㎝로 정리해준다.
2. 바닥과 측면의 모티브를 겉끼리 맞대어 바깥쪽 반코를 주워서 2장을 같이 짧은뜨기를 뜨면서 4장을 연결한다.
3. 이웃하는 모티브의 측면끼리 2와 같이 짧은뜨기로 연결한다.
4. 측면 모티브에서(112코)를 코를 주워 무늬뜨기를 14단 뜬다.
5. 무늬뜨기의 뜨개코에 끈을 통과시켜 끈의 끝부분에 마감 장식을 바느질해 준다.
※전부 다 뜬 뒤 스팀 다리미질을 해서 형태를 정리해준다(p.35 참고).

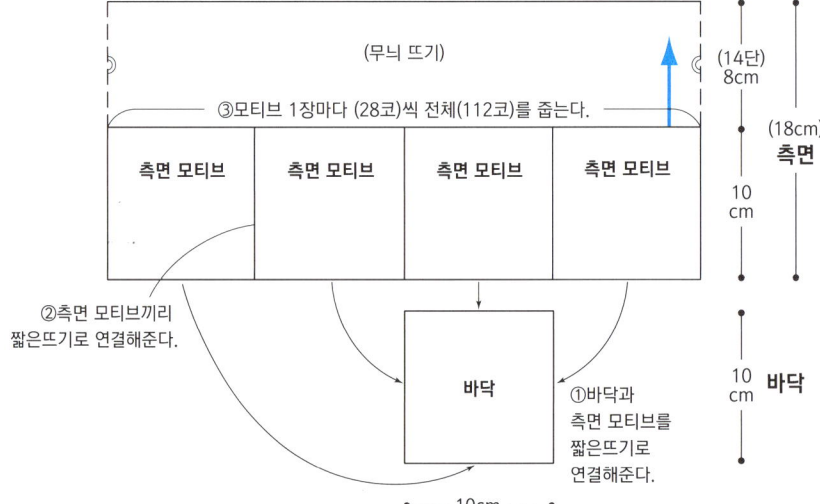

바닥 121

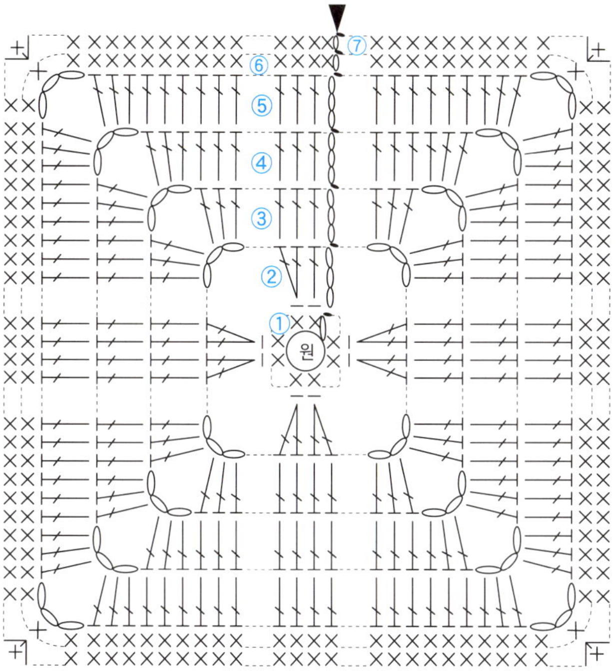

측면 모티브 4장

※ 측면 모티브 뜨는 방법은 p.56의 13 참고.

꽃술·꽃잎 본체의 배색표

단수	배색
(5~10단)	121
(4단)	68
(3단)	3
(2단)	16
(1단)	3

끈 2줄 121

스레드 코드(p.43 참고)로 100코를 뜨고, 스팀 다리미질을 해서 50cm로 정리해준다.

끈 마감 장식
2개 1

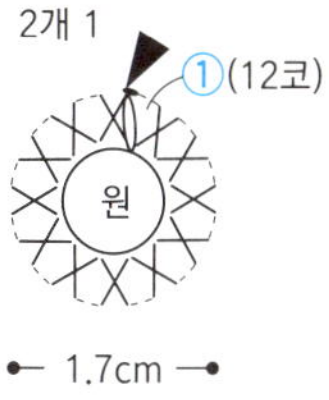

← 1.7cm →

마무리하는 방법

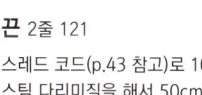

④ 끈을 통과시키고, 끈 마감 장식을 바느질해준다.

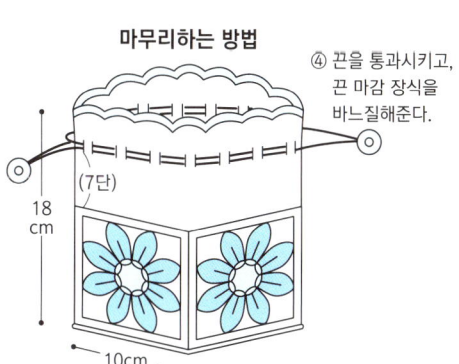

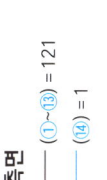

57

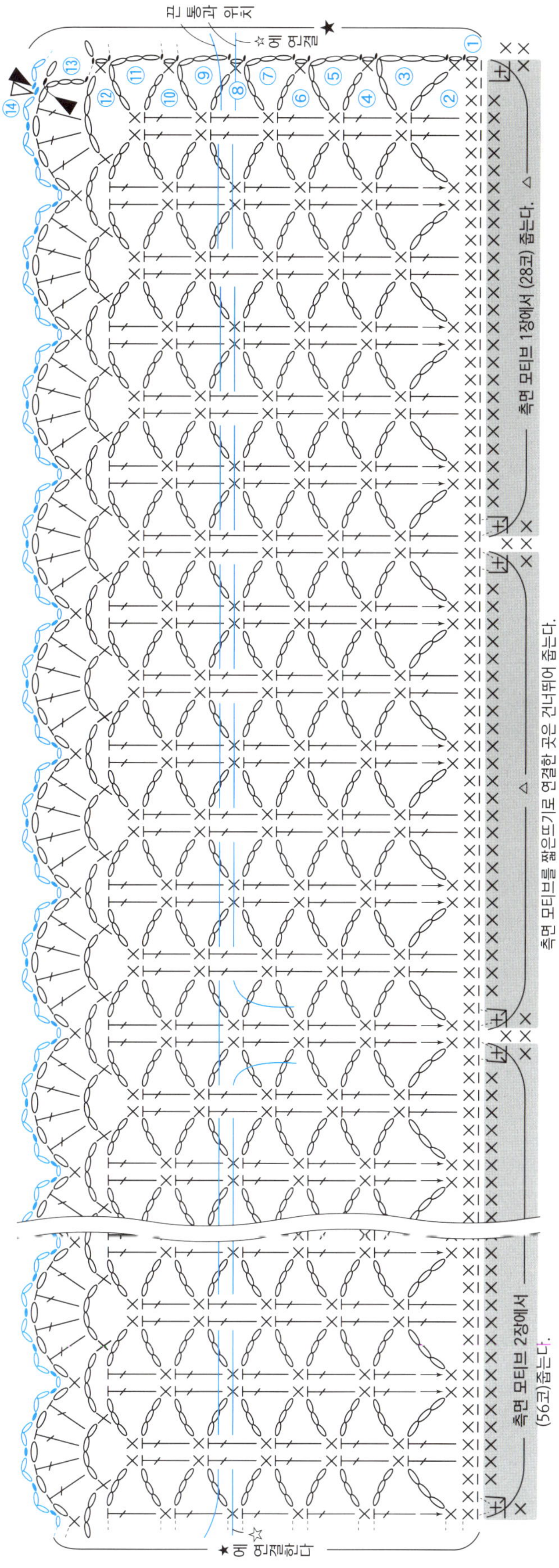

15·16　Photo … p.14　Size … 직경 10㎝

재료
실 리치모어 퍼센트
15 분홍색 계열(69) … 4.5g, 물색 계열(22) … 3g, 보라색 계열(53)·(56) … 각 1.5g,
16 황록색 계열(36) … 4.5g, 크림색 계열(3) … 3g, 흰색(1)·(95) … 각 1.5g,
바늘 모사용 코바늘 4/0호(2.5㎜)

본체를 뜨는 방법
2~4·7단 : 전 단의 사슬에 뜨는 기호는 사슬을 통째로 주워서 뜬다.
　　　　　본체와 작은 꽃을 정해진 개수만큼 뜨면, 작은 꽃을 본체의 지정 위치에 바느질한다.
※전부 다 뜬 뒤 스팀 다리미질을 해서 형태를 정리한다(p.35 참고).

15, 16 본체

▽ = 실을 연결한다.
▼ = 실을 자른다.

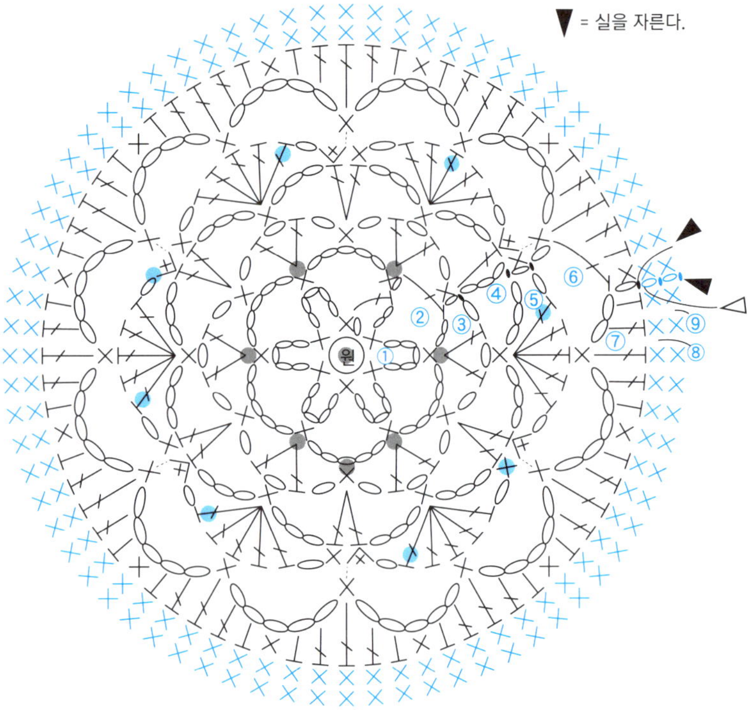

15, 16 본체의 배색표

	1~7단	8·9단
15	69	22
16	36	3

15, 16 작은꽃

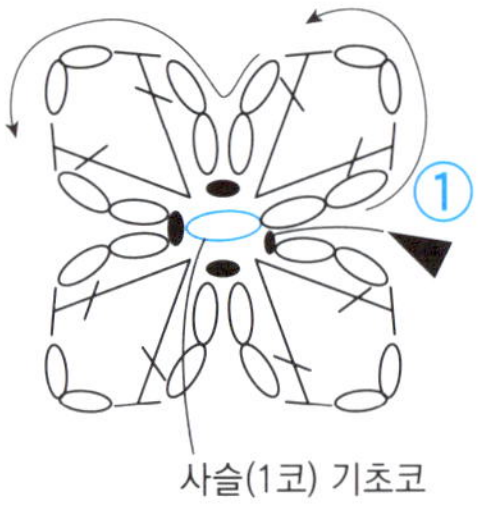

사슬(1코) 기초코

※4장의 꽃잎의 (●)는 기초코의 사슬(○)에 떠 넣는다.

작은 꽃의 배색표

	배색	매수
	53	3장
15	56	3장
	22	2장
	1	3장
16	95	3장
	3	2장

● = 15
● = 16
}의 작은 꽃 붙이는 위치

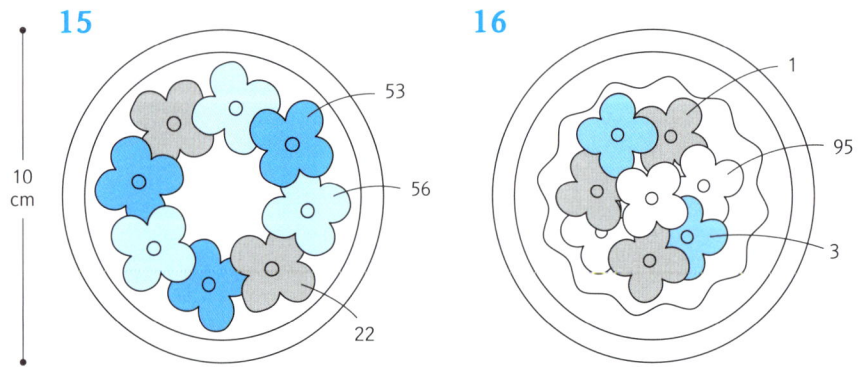

58

17·18 Photo ··· p.15 Size ··· 10×10㎝

재료
실 리치모어 퍼센트
17 분홍색 계열(69) ··· 4g, 황색 계열(4)·붉은색 계열(74) ··· 각 2.5g, 주황색 계열(86) ··· 1g
18 크림색 계열(3) ··· 4g, 분홍색 계열(70)·회색 계열(93) ··· 각 2.5g, 황색 계열(101) ··· 1g
바늘 모사용 코바늘 4/0호(2.5㎜)

뜨는 방법
4·5단 : 전 단의 사슬뜨기에 뜨는 기호는 사슬을 통째로 주워서 뜬다.
5단 : 3단의 짧은뜨기에 한길긴뜨기 앞걸어뜨기를 뜬다.
6단 : 짧은뜨기와 한길긴뜨기는 전 단의 사슬코 뒷고리 반코를 주워서 뜬다.
7~9단 : 전 단의 사슬에 뜨는 기호는 사슬을 통째로 주워서 뜬다.

 17, 18 본체

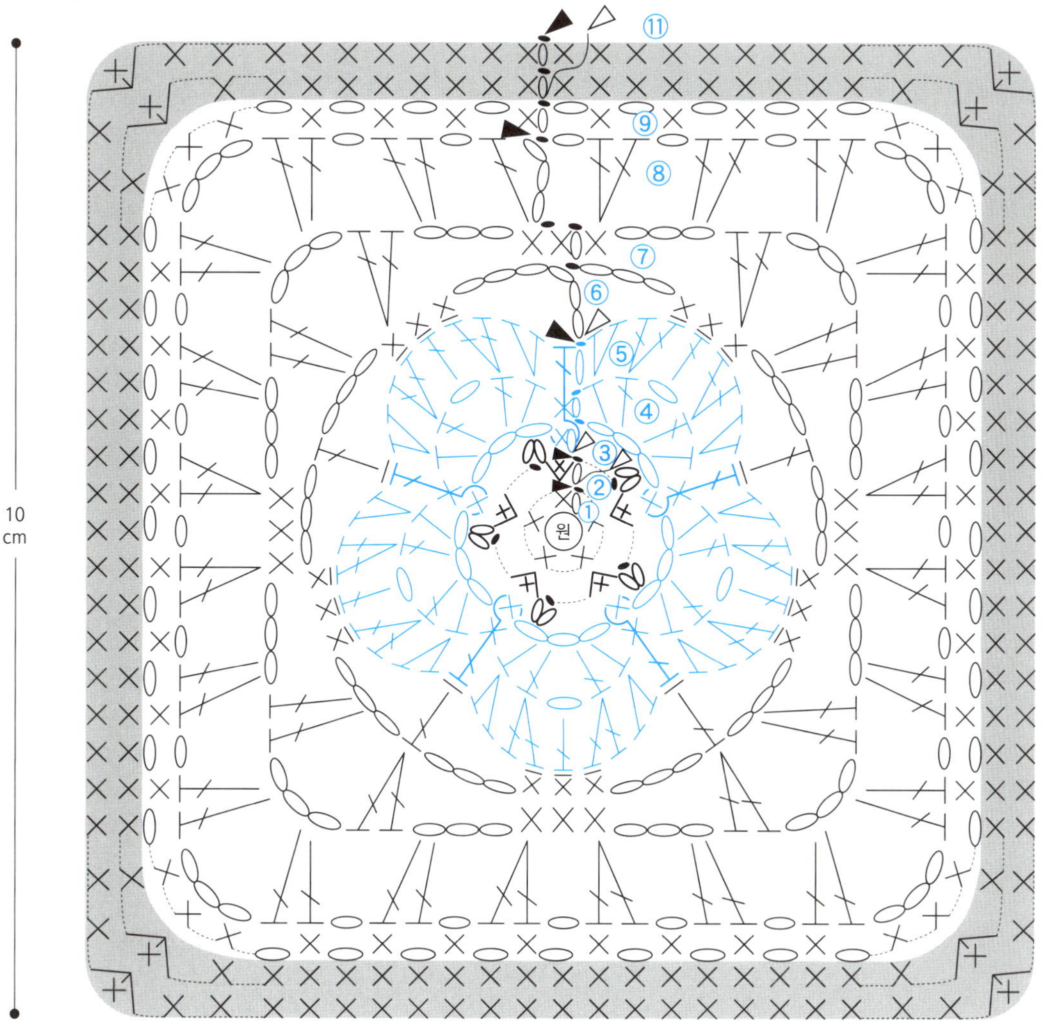

17, 18 배색표

	17	18
(10·11단)	74	93
(6~9단)	69	3
(3~5단)	4	70
(2단)	86	101
(1단)	69	3

▽ = 실을 연결한다.
▼ = 실을 자른다.
= 짧은뜨기를 3코 뜬다.
= 한길긴뜨기 앞걸어뜨기
= 사슬 2코 피코 빼뜨기

10 cm

19·20 Photo … p.16　Size … 10×10㎝

재료
실 리치모어 퍼센트
19 녹색 계열(33) … 4g, 분홍색 계열(70) … 2g, 분홍색 계열(114)·갈색 계열(89) … 각 1g
20 녹색 계열(104) … 4g, 황색 계열(4) … 2g, 흰색(1)·주황색 계열(86) … 각 1g
바늘 모사용 코바늘 4/0호(2.5㎜)

꽃·본체를 뜨는 방법
※도안은 ❶, ❷의 순서대로 뜬다.
3단 : 2단의 짧은뜨기에 빼뜨기를 뜨고 계속해서 사슬 3코, 사슬을 통째로 주워서 한길긴뜨기 5코를 뜨고 사슬 3코, 빼뜨기를 뜬다.
4단 : 3단을 앞으로 젖혀 놓고 2단의 짧은뜨기를 주워서 짧은뜨기, 사슬 4코를 반복한다.
5단 : 전 단의 사슬뜨기를 통째로 주워서 뜬다.
7~10단 : 전 단의 사슬에 뜨는 기호는 사슬을 통째로 주워서 뜬다.

꽃잎을 뜨는 방법
12단 : 3단의 사슬코(기둥코)에 실을 연결해 빼뜨기 2코, 계속해서 도안처럼 꽃잎을 5장 뜬다.
※전부 다 뜬 뒤 스팀 다리미질을 해서 형태를 정리한다(p.35 참고).

19, 20 ❶ 본체(1~11단)

19, 20 본체의 배색표

단수	19	20
― (12단)	114	1
― (10·11단)	89	86
― (4~9단)	33	104
― (1~3단)	70	4

▽ = 실을 연결한다.
▼ = 실을 자른다.
⋎ (11단) = 짧은뜨기를 3코 뜬다.

❷ 꽃잎(12단)　⌒ = 사슬 2코 피코 빼뜨기

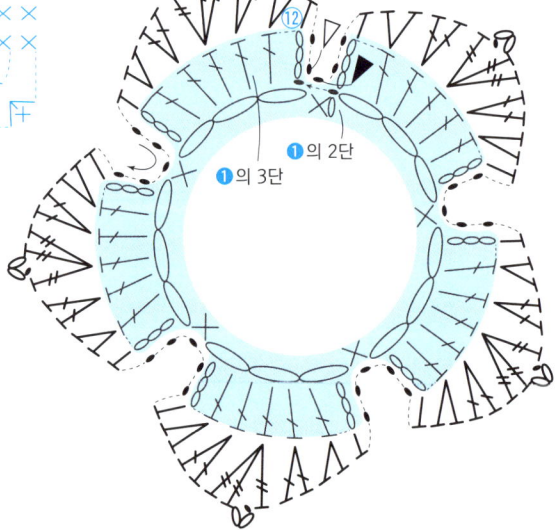

21·22 Photo … p.17   Size … 15×15㎝

재료
실 리치모어 퍼센트
21 붉은색 계열(73)·녹색 계열(104) … 각 9g, 황색 계열(6) … 3g, 황록색 계열(16) … 2g, 황색 계열(101) … 1g
22 황색 계열(4)·녹색 계열(33) … 각 9g, 황록색 계열(16) … 3g, 갈색 계열(89) … 2g, 주황색 계열(117) … 1g
바늘 모사용 코바늘 4/0호(2.5㎜)

뜨는 방법
※도안은 ❶~❸의 순서대로 뜬다.
3단 : 한길긴뜨기는 전 단의 사슬뜨기를 통째로 주워서 뜬다.
4단 : 3단의 사슬뜨기(━)를 통째로 주워서 짧은뜨기를 뜬다.
5·6단 : 짧은뜨기는 전 단의 사슬을 통째로 주워서 뜬다.
7~10단 : 한길긴뜨기는 전 단의 사슬뜨기를 통째로 주워서 뜬다.
11단 : 전 단의 주운 코가 사슬뜨기인 경우는 통째로 주워서 뜬다.
13~15단 : 3단의 한길긴뜨기의 머리에 ❷를 참고해서 꽃잎 한길긴뜨기 5코에 1장씩 뜬다.
※전부 다 뜬 뒤 스팀 다리미질을 해서 형태를 정리한다(p.35 참고).

21, 22 ❶ 본체(1~3·5~12단)

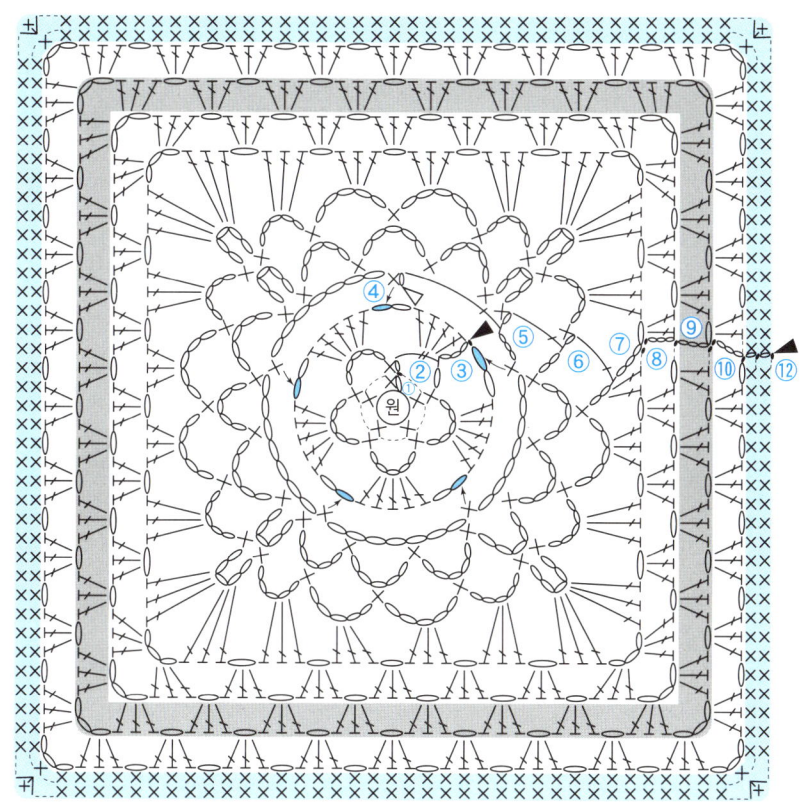

▽ = 실을 연결한다.
▼ = 실을 자른다.
⚠(15단)= 짧은뜨기를 3코 뜬다.

배색표

단수	21	22
━ (13~15단)	73	4
━ (11·12단)	6	16
━ (10단)	104	33
━ (9단)	16	89
━ (4~8단)	104	33
━ (1~3단)	73	117

21, 22 ❷ 꽃잎(4~6단)
※총 5무늬를 뜬다.
21 = 73
22 = 101

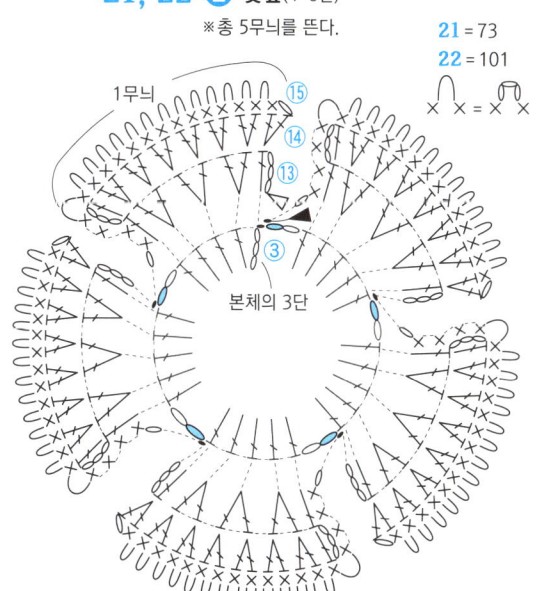

21, 22 ❸ 꽃술
21 = 101
22 = 4

뜨기 시작
다 뜨고 난 실은 조금 남겨둔다.

마무리하는 방법

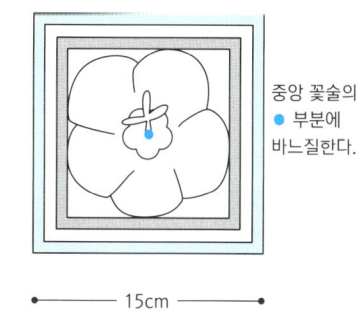

중앙 꽃술의 ● 부분에 바느질한다.

15cm × 15cm

23·24

Photo … p.18　Point Lesson … p.36　Size … 10×10cm

재료
실 다루마 이로이로
23　블루하와이(19) … 3g, 귤(35)·치즈(33)·피스타치오(28)
　… 각 2g, 플라밍고(39) … 1g
24　핑크(42)·클로버(26) … 각 3g, 래디시(43)·샴고양이(10)
　… 각 2g, 레몬(31) … 약간
바늘 모사용 코바늘 3/0호(2.3mm)

❶ 본체 (1~9단)
(p.36 참고)

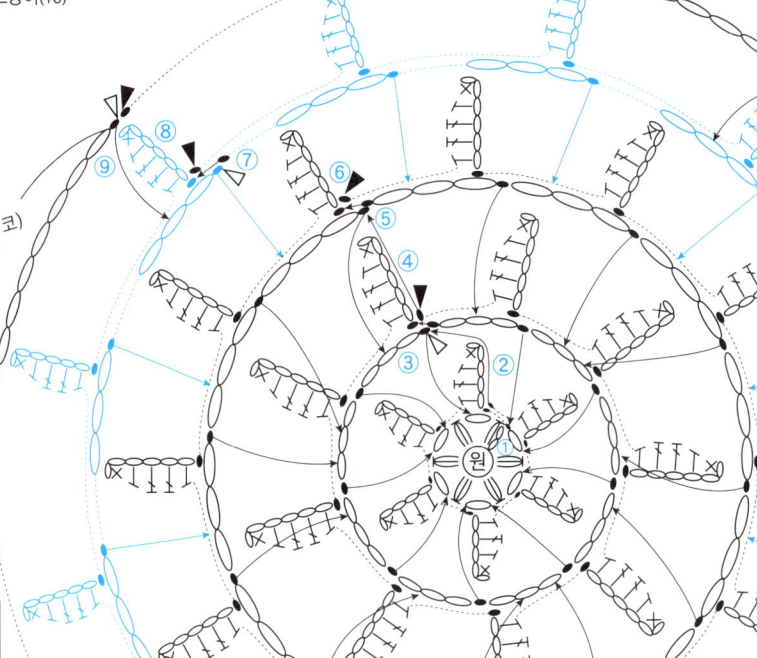

▽ = 실을 연결한다.
▼ = 실을 자른다.
= 짧은뜨기를 2코 뜬다.
= 짧은뜨기를 3코 뜬다.
= 긴뜨기 3코 구슬뜨기

23, 24 배색표

	단수	23	24
──	13·14단	피스타치오	샴고양이
──	9~12단	블루하와이	클로버
──	7·8단	치즈	핑크
──	3~6단	귤	래디시
──	2단	플라밍고	래디시
──	1단	플라밍고	레몬

❷ 23, 24 본체 (10~14단)

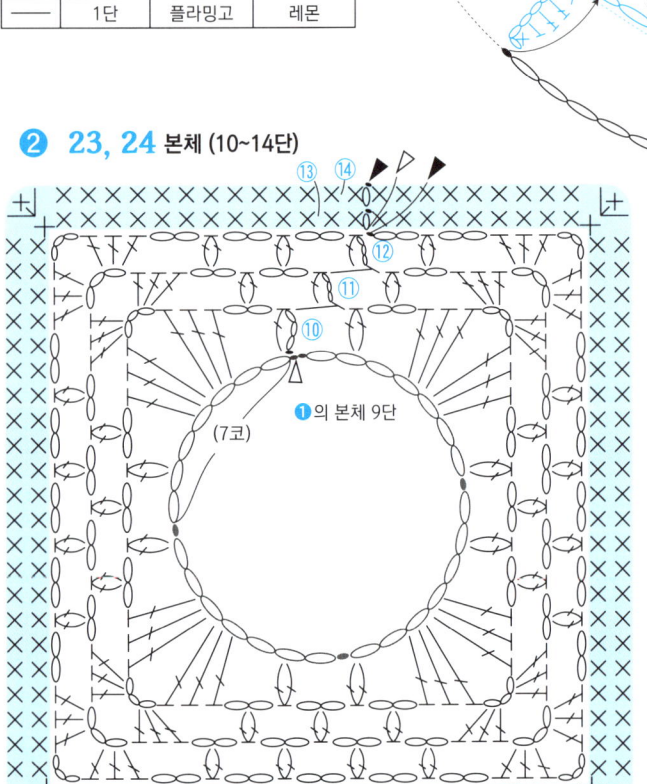

뜨는 방법
※ 도안은 ❶, ❷의 순서대로 보고 뜬다.
2단 : 전 단의 사슬코를 통째로 주워서 빼뜨기를 뜨고, 계속해서 사슬 4코의 꽃잎을 6장 뜬다.
3단 : 전 단의 꽃잎을 앞쪽으로 젖혀 놓고, 1단의 사슬코를 통째로 주워서 빼뜨기와 사슬 3코를 반복한다.
4단 : 전 단의 사슬코에 2단과 같은 방법으로 사슬 5코의 꽃잎을 9장 뜬다.
5·6단 : 3·4단과 같은 모양으로 전 단을 앞쪽으로 젖혀 꽃잎을 12장 뜬다.
7·8단 : 5·6단과 같은 모양으로 꽃잎을 12장 뜬다.
9단 : 전 단의 꽃잎을 앞쪽으로 젖혀 놓고, 7단의 사슬코를 통째로 주워서 빼뜨기, 사슬 6코를 4번 반복한다.
10~13단 : 전 단의 사슬을 통째로 주워서 뜬다.
※ 전부 다 뜬 뒤 스팀 다리미질을 해서 형태를 정리한다(p.35 참고).

25·26 Photo ··· p.19 Point Lesson ··· p.37 Size ··· 10×10㎝

재료
실 다루마 이로이로
25 네이블(36)·밤하늘(17) ··· 각 3g, 라이트그레이(50) ··· 2g, 레드(37)·라임옐로우(32) ··· 약간
26 오프화이트(1)·스위트피(41) ··· 각 3g, 이끼(24) ··· 2g, 귤(35) ··· 1g
바늘 모사용 코바늘 3/0호(2.3㎜)

뜨는 방법(p.37 참고)
※도안은 ❶~❸의 순서대로 보고 뜬다.
2~4단 : 짧은뜨기의 이랑뜨기로 뜬다.
5단 : 3단에 남아 있는 앞고리 반코에 실을 걸어 빼뜨기를 뜬다.
사슬 뒷고리 반코와 코산을 주워서 빼뜨기를 뜬다.
짧은뜨기에 뜨는 빼뜨기는 3단에 남아 있는 앞고리 반코를 주워서 뜬다.
6단 : 전 단을 앞쪽으로 젖혀 4단의 앞고리 반코에 실을 걸어, 5단과 같은 모양으로 주워서 뜬다.
7단 : 4단에 남아 있는 사슬 뒷고리 반코에 실을 걸어, 4단의 짧은뜨기의 뒷고리 반코를 주워 빼뜨기를 뜨면서 꽃잎 8장을 뜬다.
8단 : 전 단과 같은 모양으로 뜨지만, 빼뜨기는 7단 긴뜨기의 ●부분을 뒤쪽에서 주워서 뜬다.
9단 : 8단의 지정 위치에 실을 연결해 짧은뜨기, 사슬 3코, 두길긴뜨기, 사슬 3코를 반복해준다. 두길긴뜨기는 8단 긴뜨기의 뒷고리 반코를 주워서 뜬다.
10~12단 : 짧은뜨기는 전 단의 사슬코를 통째로 주워서 뜬다.
13단 : 짧은뜨기는 전 단의 사슬코를 통째로 주워서 뜬다.
※전부 다 뜬 뒤 스팀 다리미질을 해서 형태를 정리한다(p.35 참고).

25, 26 배색표

단수	25	26
13·14단	라이트그레이	이끼
9~12단	밤하늘	스위트피
6~8단	네이블	오프화이트
5단	라임옐로우	귤
1~4단	레드	귤

❶ 25, 26 본체

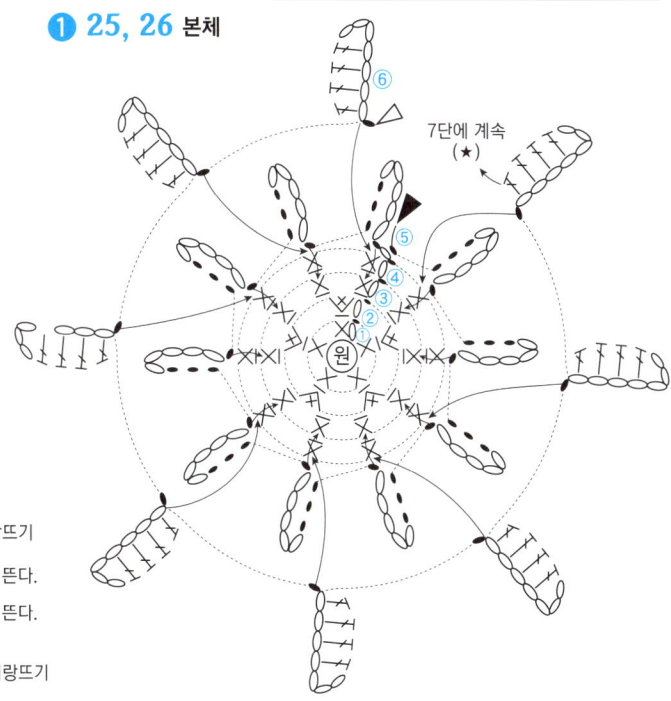

▽ = 실을 연결한다.
▼ = 실을 자른다.
✕ = 짧은뜨기의 이랑뜨기
✕/ = 짧은뜨기를 2코 뜬다.
✕/ = 짧은뜨기를 3코 뜬다.
= 두길긴뜨기의 이랑뜨기

❷ 25, 26 본체 (7~9단)
(p.37 참고)

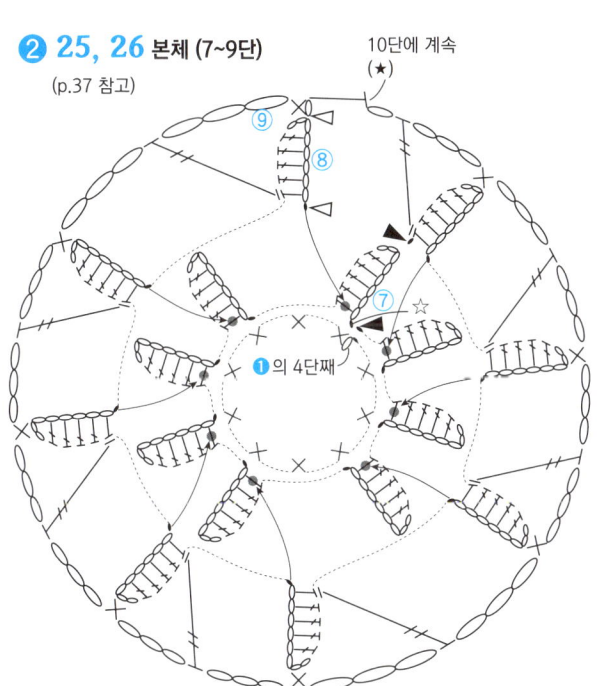

❸ 25, 26 본체 (10~14단)

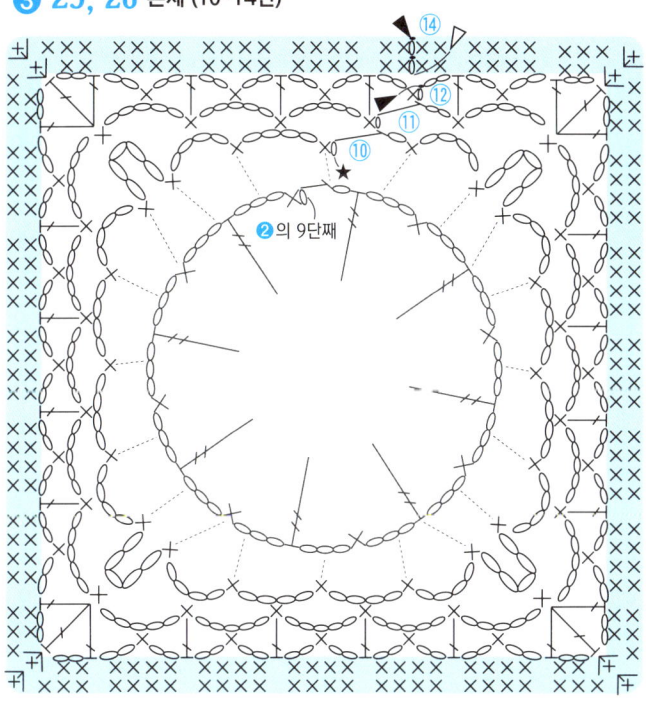

27·28　Photo … p.21　Size … 지경 15㎝

재료
실 하마나카 엑시드 울 FL 합태사
27 카키색(221) … 9g, 황록색(246) … 2g, 흰색(201)·체리색(214) … 각 1.5g
28 녹색(241) … 9g, 연녹황색(218) … 3g, 연어색(208) … 1.5g, 살구색(239) … 1g
바늘 모사용 코바늘 4/0호(2.5㎜)

본체를 뜨는 방법
3단 : 한길긴뜨기 2코 구슬뜨기는 전 단의 사슬코를 통째로 주워서 뜬다.
4단 : 두길긴뜨기 3코 구슬뜨기는 전 단의 사슬코를 통째로 주워서 뜬다.
5단 : 한길긴뜨기는 전 단의 사슬코를 통째로 주워서 뜬다.
7단 : 한길긴뜨기의 머리에 사슬 3코 피코 빼뜨기, 짧은뜨기의 머리에
사슬 3코 피코 빼뜨기, 사슬 5코 피코 빼뜨기, 사슬 3코 피코 빼뜨기를 뜬다.
※전부 다 뜬 뒤 스팀 다리미질을 해서 형태를 정리한다(p.35 참고).

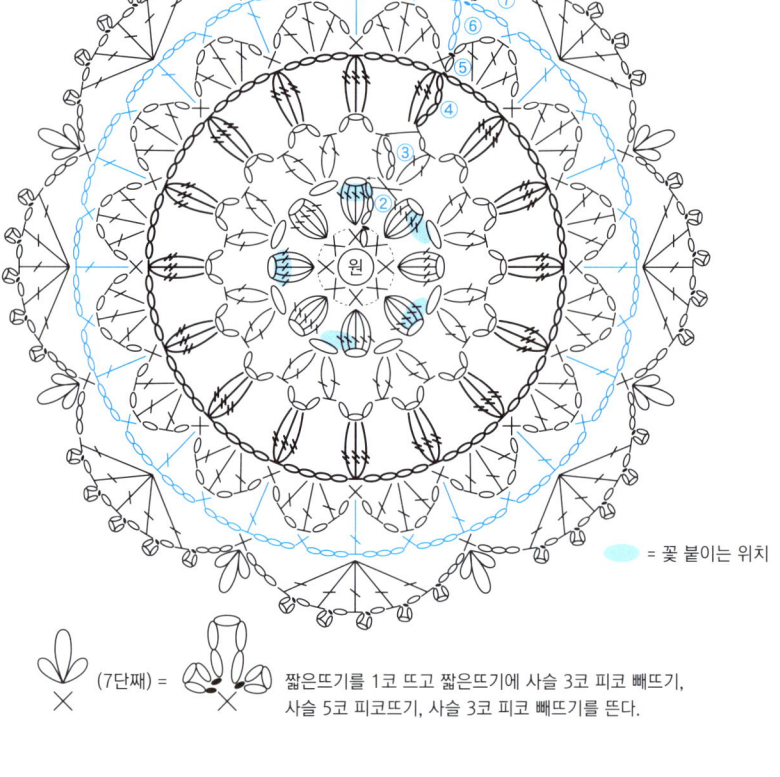

27, 28 본체의 배색표

단수	27	28
7단	카키색	녹색
6단		연녹황색
5단		녹색
4단	황색	
1~3단	카키색	

*도안의 28번 배색.

기호:
▽ = 실을 연결한다.
▼ = 실을 자른다.
= 한길긴뜨기 5코 팝콘뜨기
= 두길긴뜨기 3코 구슬뜨기
= 사슬 3코 피코 빼뜨기
= 사슬 2코 피코 빼뜨기

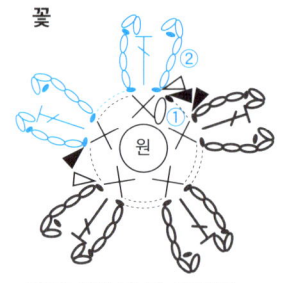

꽃

※뜨기가 끝난 부분의 실꼬리를
바느질용으로 조금 남겨둔다.

27, 28 꽃의 배색표와 매수

	27				28	
	A	B	C	D	A	B
2단	체리색	흰색	= 체리색 = 흰색	= 흰색 = 체리색	연어색	살구색
1단	흰색	체리색	체리색	흰색	연녹황색	연녹황색
매수	1장	1장	2장	1장	3장	2장

27　A　B　C　D

28　A　B

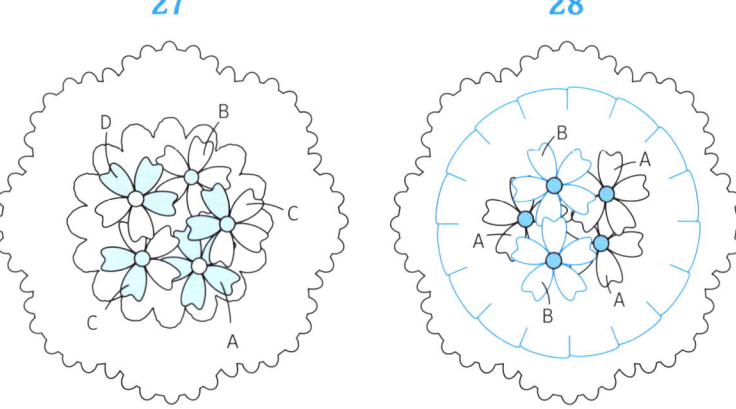

33

Photo … p.25   Size … 15×15㎝

재료
실 다루마 이로이로
이끼(24) … 5g, 베리(44) … 4g, 오프화이트(1)·스위트피(41)·핑크(42)·신차(27)·클로버(26) … 각 2g, 치즈(33)·피스타치오(28) … 각 1g
바늘 모사용 코바늘 4/0호(2.5㎜)

본체를 뜨는 방법
1단 : 사슬(8코) 시작코, 첫 번째 코에 한길긴뜨기를 뜬다.
2~26단 : 짧은뜨기는 전 단의 사슬을 통째로 주워서 뜬다. 각 단의 마지막 한길긴뜨기는 전 단의 기둥코 사슬의 ⌒의 코에 뜬다.
27단 : 사슬 7코로 기둥코, 전 단의 ⌒의 코에 빼뜨기를 한다.
28단 : 전 단의 사슬에 뜨는 짧은뜨기는 사슬을 통째로 주워서 뜬다.

꽃을 뜨는 방법
2단 : 1단의 짧은뜨기의 사슬 뒷고리 반코를 주워서 뜬다.

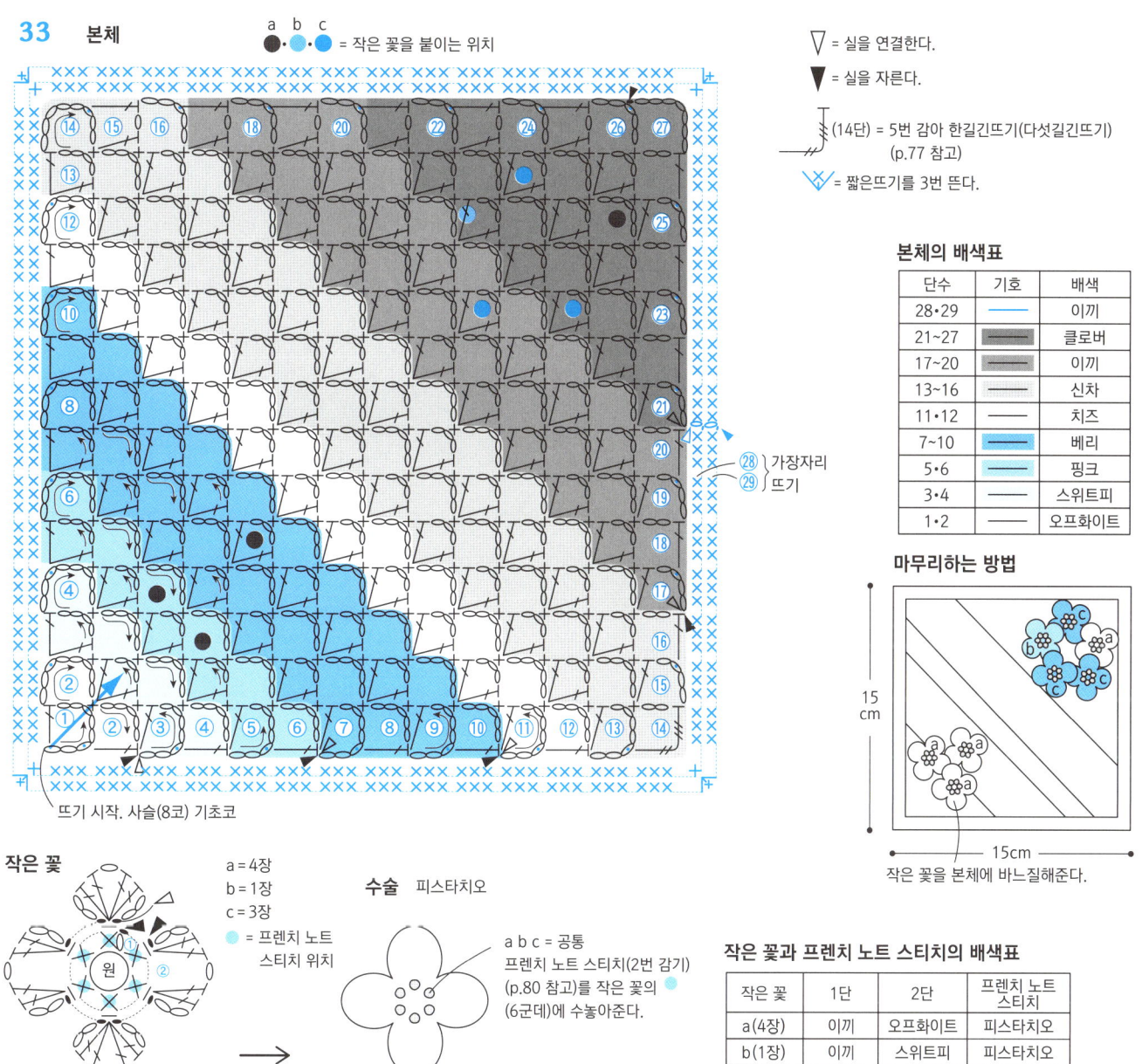

32 Photo … p.25   Size … 직경 10㎝

재료
실 다루마 이로이로
오프화이트(1) … 6g, 이끼(24) … 1g, 피스타치오(28) … 약간
바늘 모사용 코바늘 4/0호(2.5mm)

뜨는 방법
2단 : 1단의 사슬 뒷고리 반코를 주워서 뜬다. 2장째부터는 지정 위치에서 이웃하는 꽃과 연결하면서 꽃 4장을 뜬다. 1단에 28의 실로 프렌치 노트 스티치(p.80 참고)를 수놓는다.
3단 : 전 단의 사슬에 뜨는 기호는 사슬을 통째로 주워서 뜬다.
4단 : 전 단의 사슬에 뜨는 기호는 사슬 뒷고리 반코와 코산을 주워서 뜬다.
7단 : 전 단의 사슬에 뜨는 기호는 사슬을 통째로 주워서 뜬다.

✕ = 짧은뜨기의 이랑뜨기

수술 피스타치오
작은 꽃(1~4)의 1단의 ✕ 전부 프렌치 노트 스티치를 수놓는다.

본체의 배색표

단수	배색
4~8	오프화이트
3	이끼
2	오프화이트
1	이끼

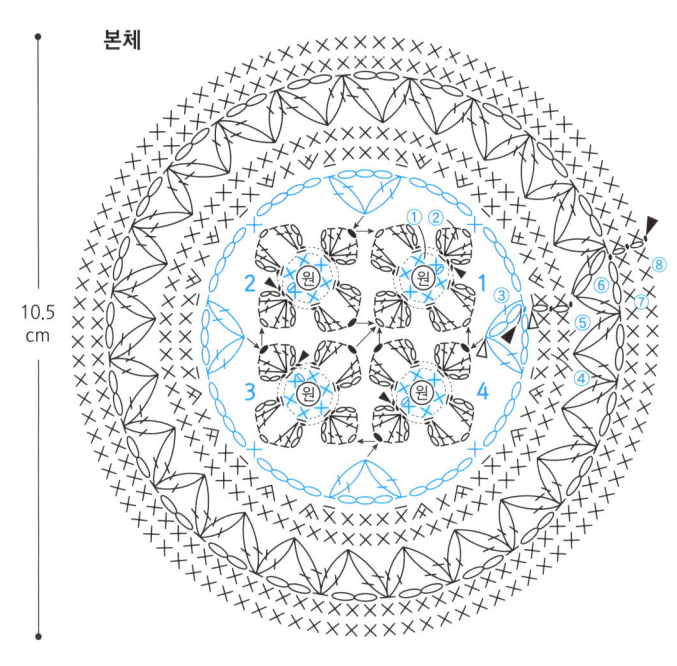

스위트 알리섬 파우치   Photo … p.24   Size … 직경 11㎝

재료
실 다루마 이로이로
머쉬룸(2) … 10g, 신차(27) … 2g, 체리핑크(38)·치즈(33)·오프화이트(1)·피스타치오(28)·핑크(42) … 약간
바늘 모사용 코바늘 4/0호(2.5mm)
그 외 재료 펄 단추 (10mm/흰색) … 1개

뜨는 순서
1 기호 도안 배색표를 참고해서 작은 꽃을 2장째부터 연결해 가며 4장을 뜬다. 중심에 프렌치 노트 스티치를 수놓는다(p.80 참고). 같은 것을 1장 더 뜬다.
2 1에서 8단까지 뜬 2장의 본체 위 지정된 위치에 실을 연결하여 뜬다. 9단은 앞면의 입구 부분을 뜨고 본체 2장을 겉이 보이게 겹쳐놓고, 2장을 같이 떠서 이어준다. 뒷면의 남은 부분에 실을 연결해 앞면과 같은 모양으로 입구 부분을 뜬다.
3 본체 뒤판의 지정 위치에 실을 연결해 단춧구멍(고리)을 뜨고, 지정 위치에서 빼뜨기를 해서 실을 자른다.
4 본체 앞판의 지정 위치에 단추를 바느질하고 마무리한다.

작은 꽃 모티브의 배색표

	모티브	1단	2단	수술
작은꽃(4장)	1	신차	체리핑크	치즈
	2	신차	오프화이트	피스타치오
	3	신차	핑크	치즈
	4	신차	치즈	피스타치오

본체의 배색표

	단수	배색
본체	3단	신차
	4~9단	머쉬룸

수술
작은 꽃(1~4)의 1단의 ✕ 전부 각각 지정한 배색대로 프렌치 노트 스티치를 수놓는다.

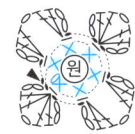

단춧구멍
머쉬룸
사슬 18코를 뜬다.

✕ 본체의 8단

마무리하는 방법
입구 부분 12무늬
입구
12무늬
바닥 부분 20무늬

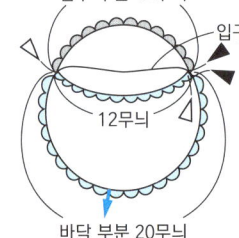

※ 입구에 둥글게 가장자리 뜨기를 떠서 마무리한다.

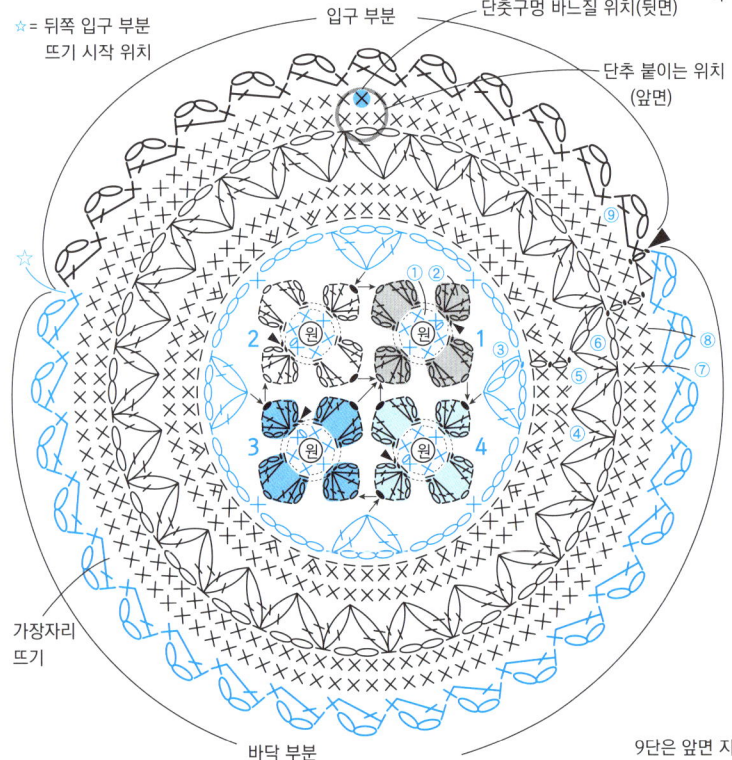

바닥 부분
본체 2장을 겉면이 보이게 겹쳐 가장자리를 떠서 이어준다.

9단은 앞면 지정 위치에 실을 연결해 입구 부분(━)을 뜨고, 계속해서 앞, 뒷면을 겉이 보이게 겹쳐, 2장을 같이 바늘을 넣어 바닥 부분(━)을 뜬다. 뒷면 지정 위치(☆)에 실을 연결해 앞면 입구와 같은 모양으로 (━) 부분을 뜬다.

39·40

Photo … p.31 Point Lesson … p.38 Size … 직경 10cm

재료
실 하마나카 순모 중세사
39 물색(39) … 3g, 흰색(26)·녹색(24)·보라색(18) … 각 2g, 황색(22) … 약간
40 감색(19) … 3g, 연보라색(13)·황색(22)·오프화이트(1) … 각 2g, 붉은색(10)·연노랑색(33) … 약간
※도안은 ❶~❹의 순서대로 보면서 뜬다.

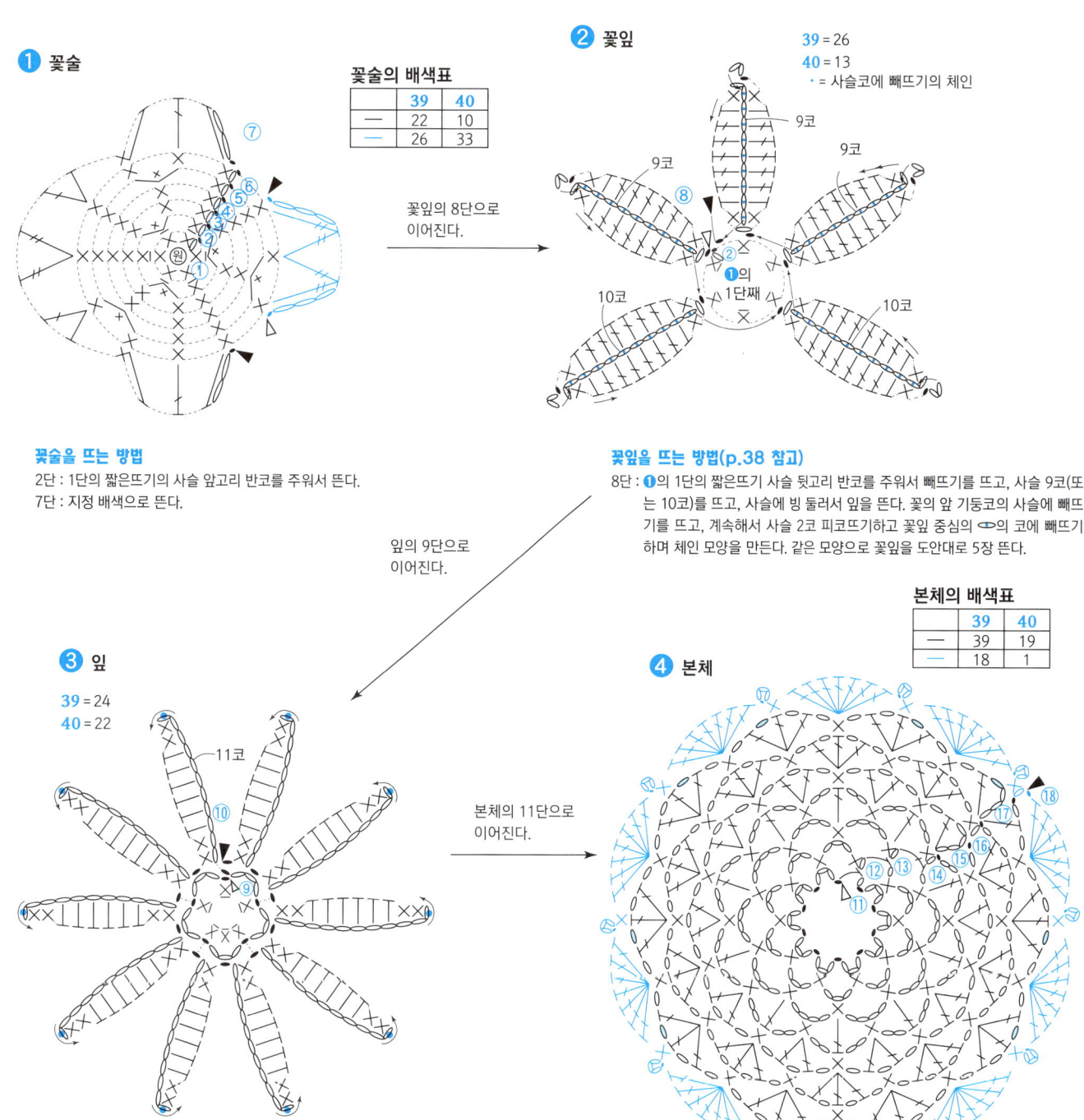

꽃술을 뜨는 방법
2단 : 1단의 짧은뜨기의 사슬 앞고리 반코를 주워서 뜬다.
7단 : 지정 배색으로 뜬다.

꽃잎을 뜨는 방법(p.38 참고)
8단 : ❶의 1단의 짧은뜨기 사슬 뒷고리 반코를 주워서 빼뜨기를 뜨고, 사슬 9코(또는 10코)를 뜨고, 사슬에 빙 둘러서 잎을 뜬다. 꽃의 앞 기둥코의 사슬에 빼뜨기를 뜨고, 계속해서 사슬 2코 피코뜨기하고 꽃잎 중심의 ◯의 코에 빼뜨기하며 체인 모양을 만든다. 같은 모양으로 꽃잎을 도안대로 5장 뜬다.

잎을 뜨는 방법
9단 : ❶의 1단 짧은뜨기의 뒷고리 반코를 주워서 빼뜨기와 사슬뜨기 3코를 반복하여 뜬다.

본체를 뜨는 방법
11단 : 10단의 잎을 앞쪽으로 젖혀서 10단의 빼뜨기에서 코를 주워서 뜬다.
17단 : ◯은 잎의 ● 부분에 빼뜨기를 뜬다.

67

41·42 Photo ··· p.31   Point Lesson ··· p.40   Size ··· 10×10㎝

재료
실 리치모어 퍼센트
41 황색 계열(5) ··· 4g, 녹색 계열(33) ··· 3g, 황록색 계열(36)·크림색 계열(2)·청색 계열(110) ··· 각 2g
42 보라색 계열(67) ··· 4g, 적자색 계열(65) ··· 3g, 황록색 계열(16)·녹색 계열(104)·크림색 계열(2) ··· 각 2g, 적자색 계열(64) ··· 1g
바늘 모사용 코바늘 5/0호(3.0㎜)
※도안은 ❶~❹의 순서대로 보면서 뜬다.

❷ 꽃잎

꽃잎의 배색표

	41	42	수납함
—	2	65	68
—	36	64	50

❶ 꽃술

꽃술의 배색표

	41	42	수납함
—	36	16	2
—	33	104	33

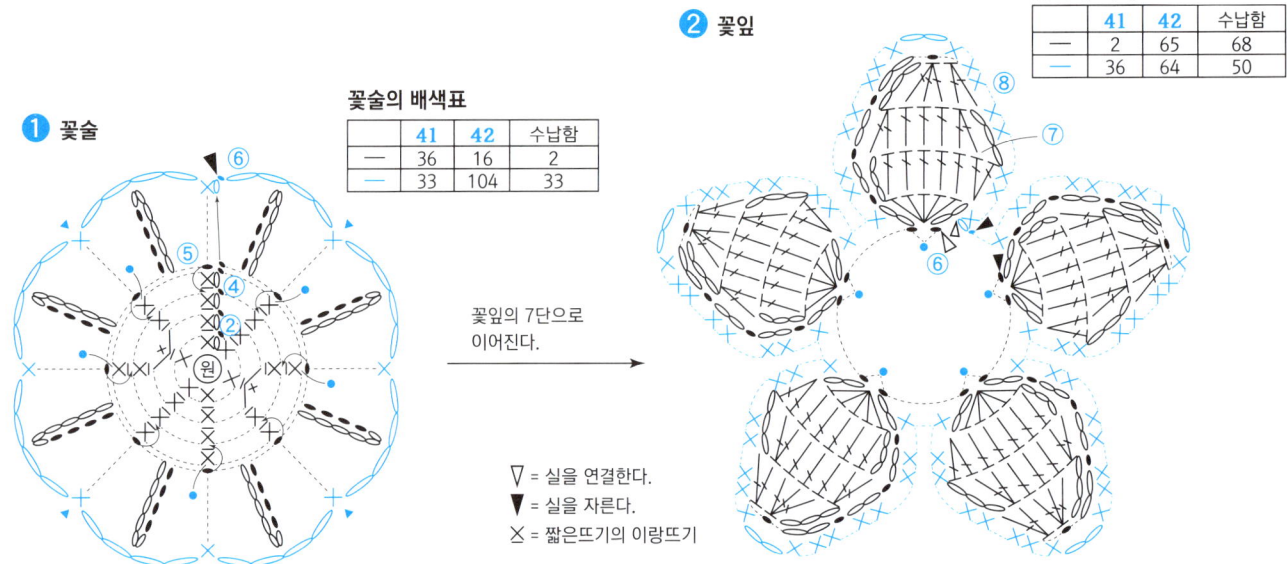

꽃잎의 7단으로 이어진다.

▽ = 실을 연결한다.
▼ = 실을 자른다.
⊠ = 짧은뜨기의 이랑뜨기

꽃술을 뜨는 방법(p.40 참고)
2~4단 : 전 단의 짧은뜨기의 뒷고리 반코를 주워서 뜬다.
5단 : 3단의 짧은뜨기에 남아 있는 앞고리 반코를 빼뜨기로 뜨고, 사슬 6코를 뜨고, 4코 빼뜨기로 돌아와서 다음 3단의 짧은뜨기의 앞고리 반코를 빼뜨기한다.
6단 : 4단의 짧은뜨기의 앞고리 반코를 주워서 뜬다.

꽃잎을 뜨는 방법(p.40 참고)
7단 : 꽃술 4단의 짧은뜨기 ●표시 코의 뒷고리 반코를 주워서 빼뜨기한다. 왕복뜨기로 코를 늘렸다 줄여 가면서 4단을 뜨고, 사슬과 빼뜨기로 뜨면서 뜨기 시작코로 돌아와서 빼뜨기를 한다.
8단 : 7단에서 코를 주워 꽃잎의 가장자리를 둘러서 뜬다.

잎의 9단으로 이어진다.

41 = 33
42 = 104
수납함 = 33

❸ 잎

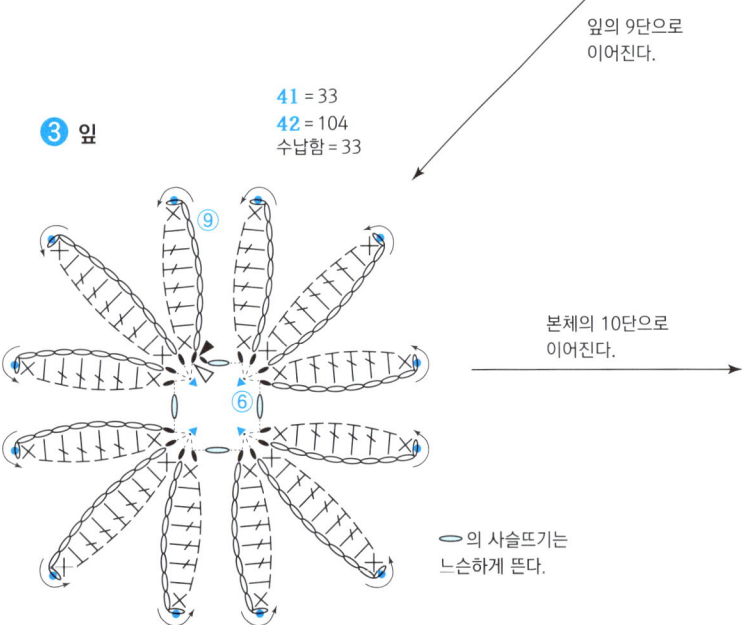

본체의 10단으로 이어진다.

⌒ 의 사슬뜨기는 느슨하게 뜬다.

본체의 배색표

	41	42	수납함
—	110	2	54
—	5	67	40

❹ 본체

잎을 뜨는 방법(p.40 참고)
9단 : 꽃술 6단의 짧은뜨기 ▲표시의 뒷고리 반코를 주워서 빼뜨기를 한다.

본체를 뜨는 방법(p.40 참고)
10단 : 잎 9단의 ⌒의 사슬을 통째로 주워서 두길긴뜨기를 뜬다.
12단 : ⌒은 잎의 ● 부분을 같이 주워서 빼뜨기를 한다.

크리스마스 로즈 수납함 Photo … p.30   Size … 폭10㎝×높이10㎝

재료
실 리치모어 퍼센트
물색 계열(40) … 보라색 계열(54) … 각 16g, 보라색 계열(68) … 13g
녹색 계열(33) … 12g, 크림색 계열(2) … 7g, 보라색 계열(50) … 7g
바늘 모사용 코바늘 4/0호(2.5㎜)

뜨는 방법과 순서
1 측면은 p.68을 참고해서 지정한 배색으로 4장 뜬다.
2 바닥은 사슬 23코를 기초코로 해서 짧은뜨기로 28단을 뜬다.
3 측면과 바닥의 모든 코를 감침질로 연결한다.

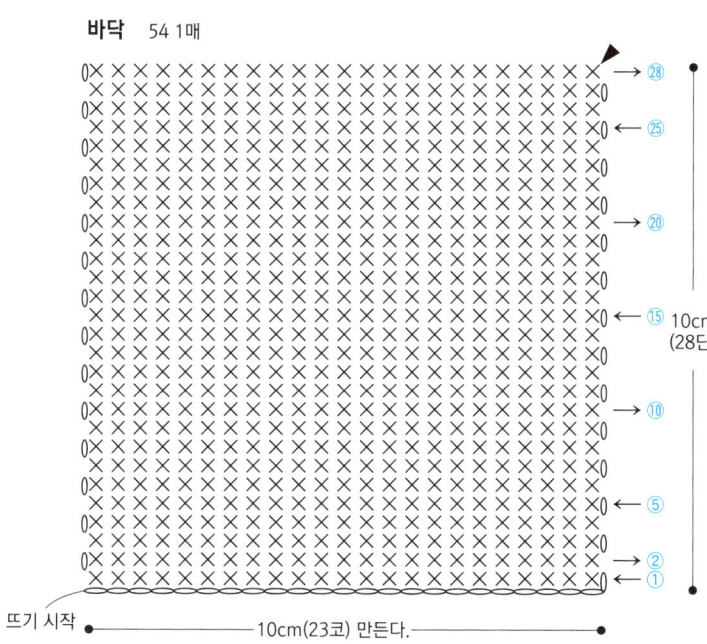

바닥 54 1매

10cm(28단)

뜨기 시작 ● 10cm(23코) 만든다.

모티브끼리 연결하는 방법
※측면의 모티브(❶~❹)는 P.68을 참고해서 뜬다.

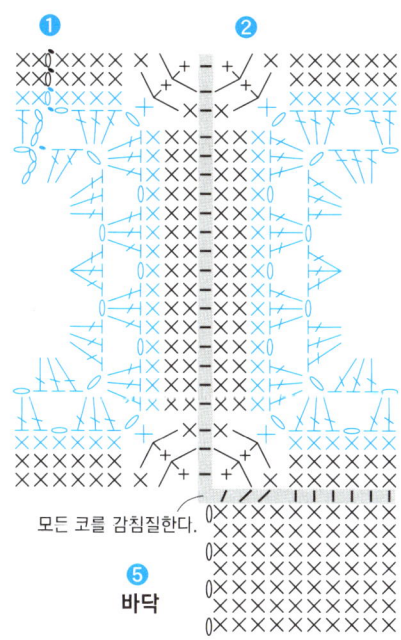

모든 코를 감침질한다.
❺ 바닥

※❶~❷의 순서대로 모든 코를 감침질해서 연결한다.

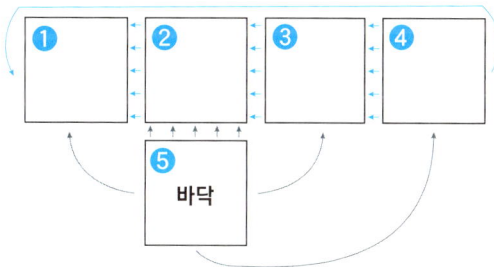

❶ ❷ ❸ ❹
❺ 바닥

완성

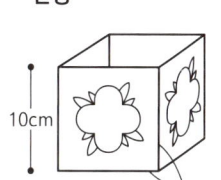

10cm
10cm
감침질

34 Photo … p.27　Size … 10×10㎝

재료
실 리치모어 퍼센트
황록색 계열(16) … 5g, 분홍색 계열(114) … 2g, 황색 계열(101)·적자색 계열(61) … 각 1g
바늘 모사용 코바늘 4/0호(2.5㎜)

뜨는 방법
4단 : 짧은뜨기, 긴뜨기, 한길긴뜨기, 두길긴뜨기는 전 단의 사슬을 통째로 주워서 뜬다.
5단 : 전 단의 사슬을 통째로 주워서 짧은뜨기를 뜨고, 모퉁이 부분은 전 단의 사슬 뒷고리 반코와 코산을 주워서 뜬다.

본체

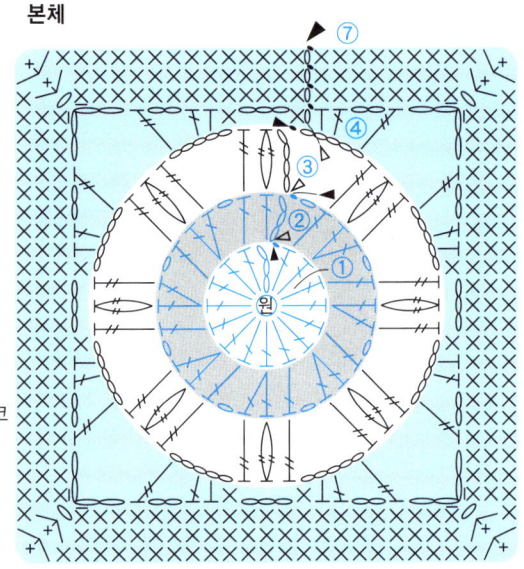

▽ = 실을 연결한다.
▼ = 실을 자른다.

34 배색표

(4~7단)	16
(3단)	114
(2단)	61
(1단)	101

↕ (3단) = 두길긴뜨기 2코 구슬뜨기

✕ (6·7단) = 짧은뜨기를 3번 뜬다.

---

35 Photo … p.27　Size … 10×10㎝

재료
실 리치모어 퍼센트
물색 계열(22) … 4g, 보라색 계열(67)·청색 계열(26) … 각 2g, 황색 계열(101) … 1g
바늘 모사용 코바늘 4/0호(2.5㎜)
※도안은 ❶~❸의 순서대로 뜬다.

꽃을 뜨는 방법
도안처럼 상하는 1단, 좌우는 왕복뜨기로 3단 뜬다.

중심을 뜨는 방법
원으로 기초코를 만들고, 3군데에서 ❶의 꽃의 한길긴뜨기 2코 구슬뜨기의 머리와 짧은뜨기를 연결하면서 뜬다.

본체를 뜨는 방법
1단 : 3장의 꽃에서 코를 주워 가면서 뜬다.
　　　전 단의 지정 위치에서 코의 뒷고리 반코를 주워서 뜬다.
2·3단 : 전 단의 사슬에 뜨는 기호는 사슬을 통째로 주워서 뜬다.
4단 : 짧은뜨기는 전 단의 사슬을 통째로 주워서 뜨고, ⋎는 사슬의 뒷고리 반코와 코산을 주워서 뜬다.

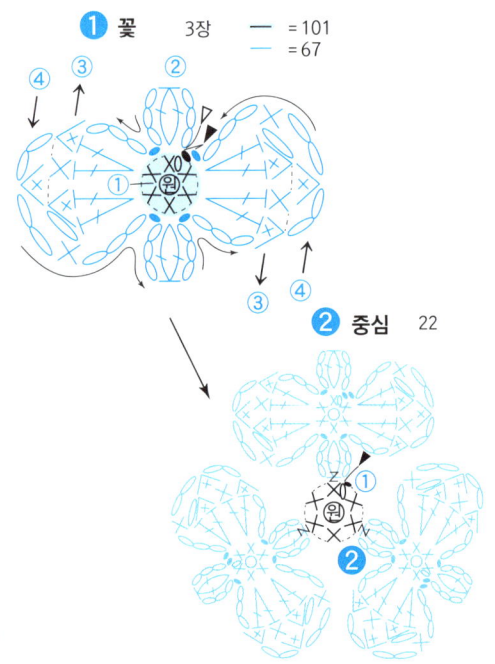

❶ 꽃　3장　― = 101　― = 67

❷ 중심　22

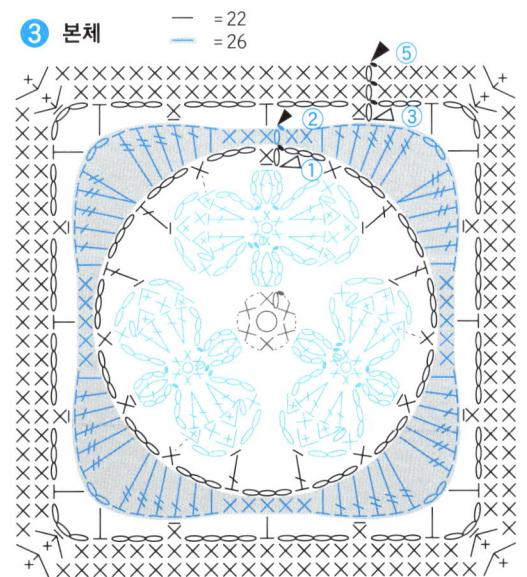

❸ 본체　― = 22　― = 26

▽ = 실을 연결한다.
▼ = 실을 자른다.
✕ = 짧은뜨기의 이랑뜨기
╪ = 한길긴뜨기의 이랑뜨기
✕ = 짧은뜨기를 3번 뜬다.
✕ (4단) = 3단의 사슬 뒷고리 반코를 주워서 뜬다.

36 Photo … p.27 Size … 직경 15㎝

재료
실 리치모어 퍼센트
녹색 계열(13) … 10g, 오렌지색 계열(102) … 3g
바늘 모사용 코바늘 4/0호(2.5㎜)

뜨는 순서
1 도안을 참고해서 본체를 뜬다.
2 꽃을 뜨고, 본체의 지정 위치에 프렌치 노트 스티치로 고정한다.

본체
13

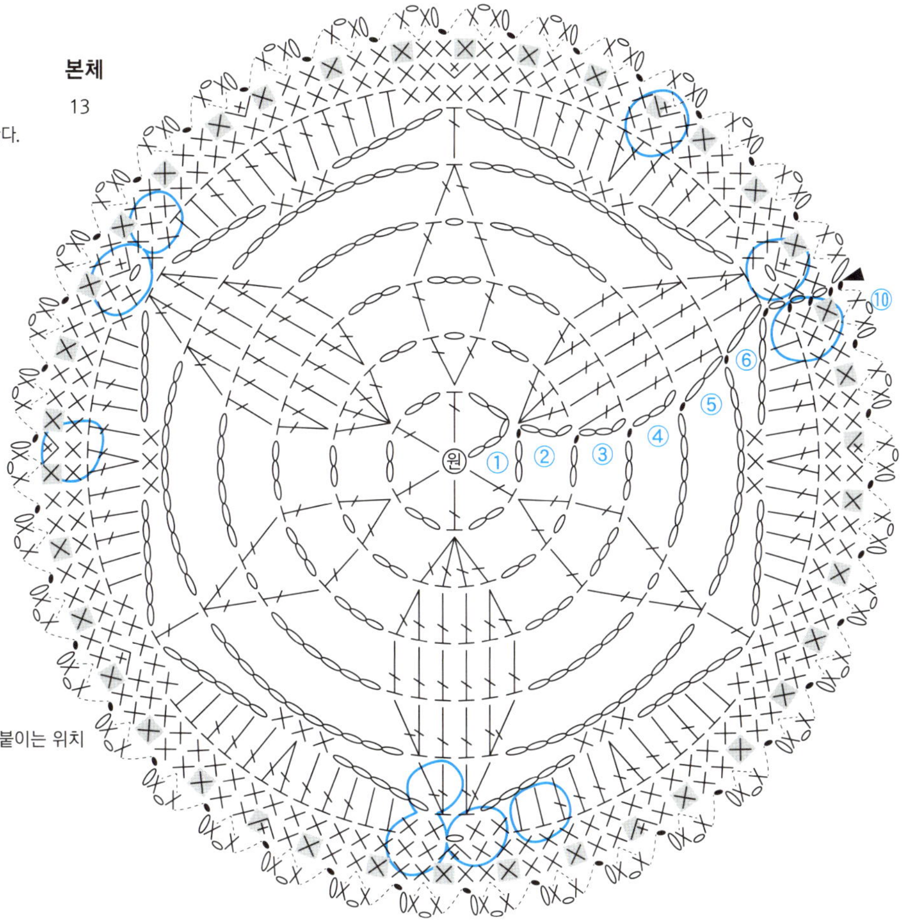

▼= 실을 자른다.

※10단을 뜰 때는 9단
　✕ 의 코는 건너뛰고 뜬다.

◯ = 꽃을 붙이는 위치

꽃　10장
102

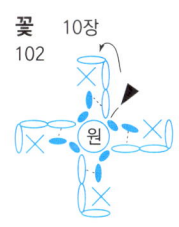

프렌치 노트 스티치

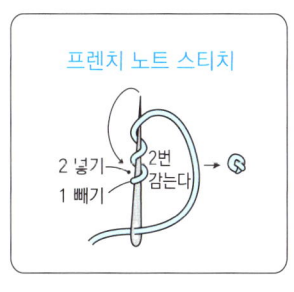

마무리하는 방법

102
프렌치 노트 스티치
(2번 감기)로 본체에
고정한다.

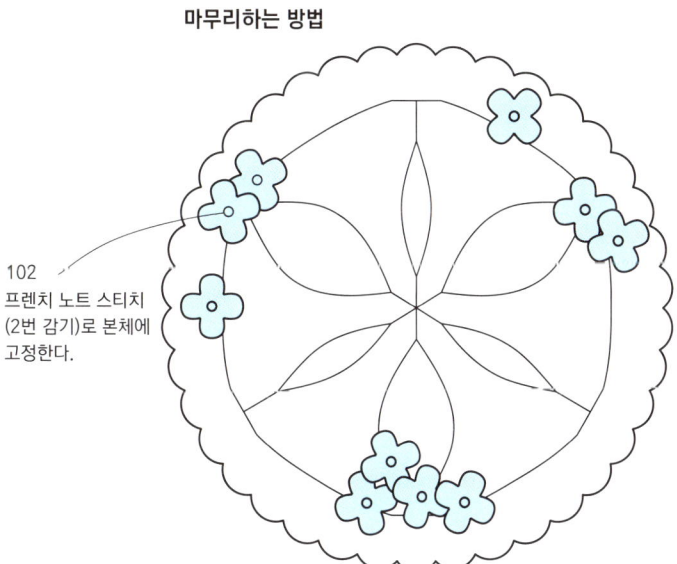

71

37
Photo … p.29 Point Lesson … p.39 Size … 10×10㎝

재료
실 리치모어 퍼센트
보라색 계열(49)·황록색 계열(36) … 각 2g, 감색 계열(47)·흰색(1)·갈색 계열(87) … 각 1g
바늘 모사용 코바늘 4/0호(2.5㎜)

뜨는 방법
3단 : 2단의 두 개의 한길긴뜨기 중 두 번째 코에 바늘을 넣어서 빼뜨기를 한다.
4단 : 3단의 꽃잎을 앞쪽으로 젖혀 2단의 사슬을 통째로 주워서 빼뜨기를 한다(p.39 참고).
5단 : 4단의 빼뜨기를 주워서 뜬다.

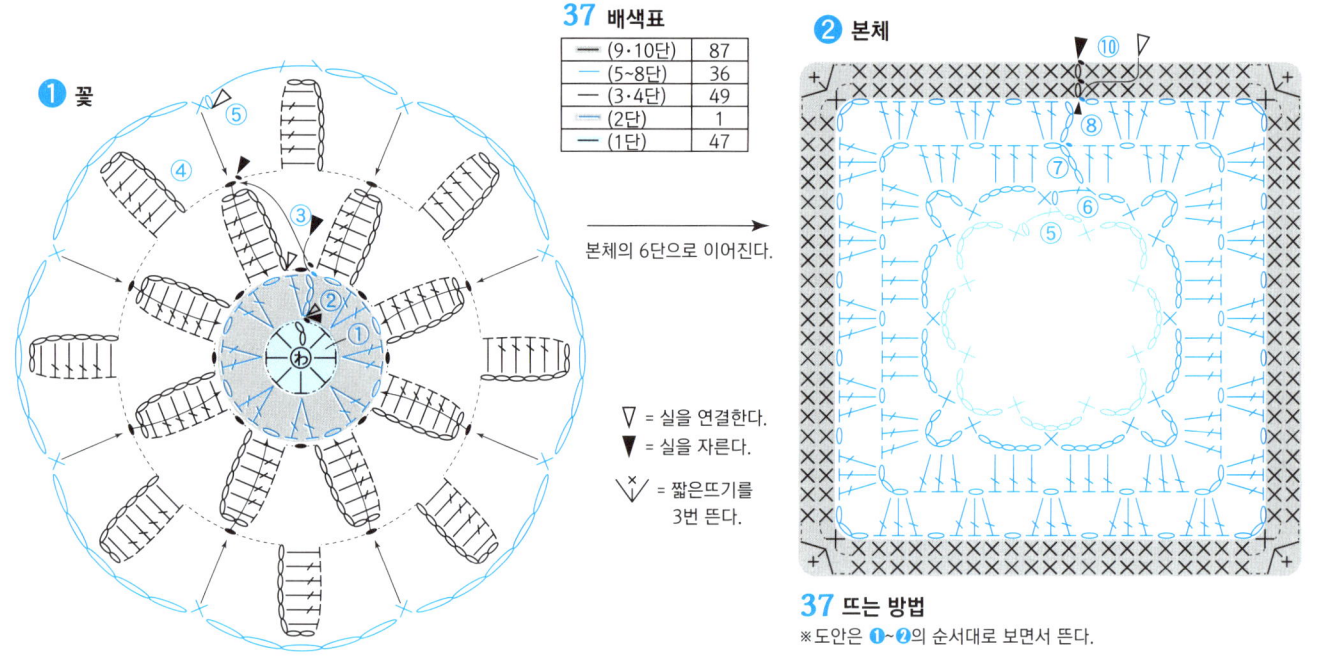

37 뜨는 방법
※도안은 ❶~❷의 순서대로 보면서 뜬다.

38
Photo … p.29 Point Lesson … p.38 Size … 10×10㎝

재료
실 리치모어 퍼센트
오렌지색 계열(86)·녹색 계열(33) … 각 4g, 황색 계열(101)·크림색 계열(3) … 각 1g
바늘 모사용 코바늘 4/0호(2.5㎜)

본체를 뜨는 방법
※도안은 ❶~❷ 의 순서대로 뜬다.
3단 : 2단의 사슬의 고리를 통째로 주워서 꽃잎을 뜬다.
4단 : 3단의 꽃잎을 앞쪽으로 젖혀 2단의 짧은뜨기의 다리에 뒤에서부터 바늘을 넣어서 짧은뜨기 뒤걸어뜨기를 뜬다.
5단 : 4단의 사슬 고리를 통째로 주워서 꽃잎을 뜬다.
6단 : 5단의 한길긴뜨기 사이에서 코를 주워 짧은뜨기 한 후 4단의 사슬을 통째로 주워 뜬다.
7단 : 6단의 사슬 고리를 통째로 주워서 꽃잎을 뜬다.
8단 : 7단의 꽃잎을 앞쪽으로 젖혀 6단의 짧은뜨기의 다리에 뒤에서부터 바늘을 넣어서 짧은뜨기 뒤걸어뜨기를 뜬다.

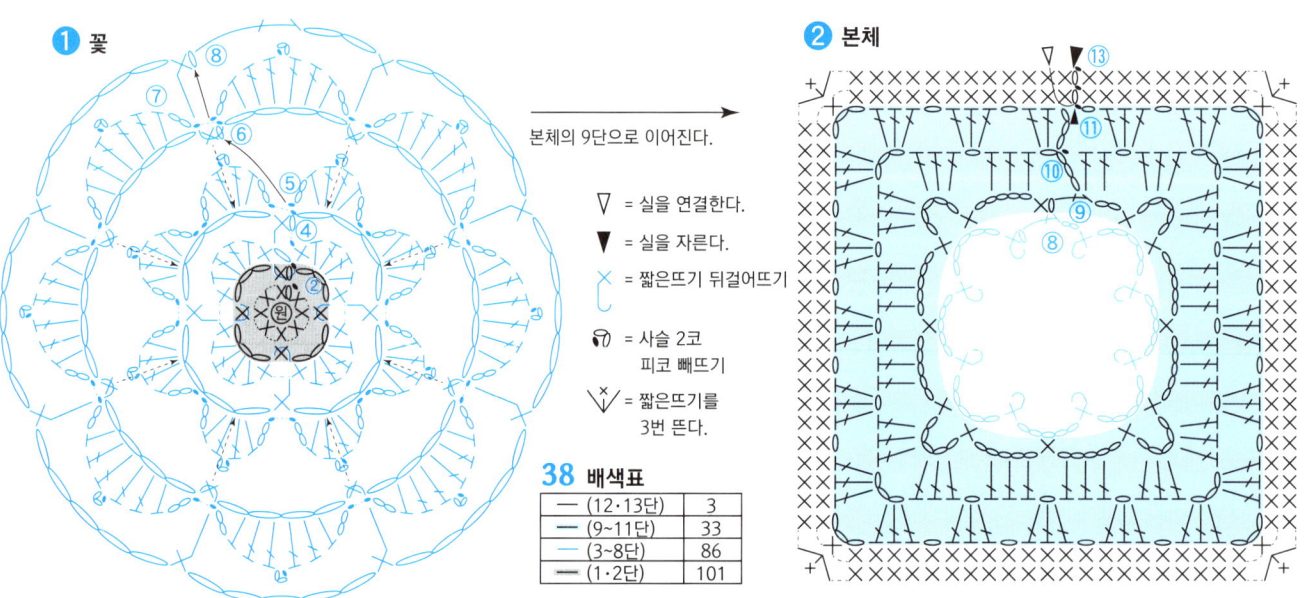

칼랑코에 블랭킷 Photo … p.28　Size … 82㎝×52㎝

재료
실 리치모어 퍼센트
크림색 계열(3) … 195g, 오렌지색 계열(86) … 85g, 녹색 계열(13) … 70g, 황색 계열(101) … 10g
바늘 모사용 코바늘 4/0호(2.5㎜)

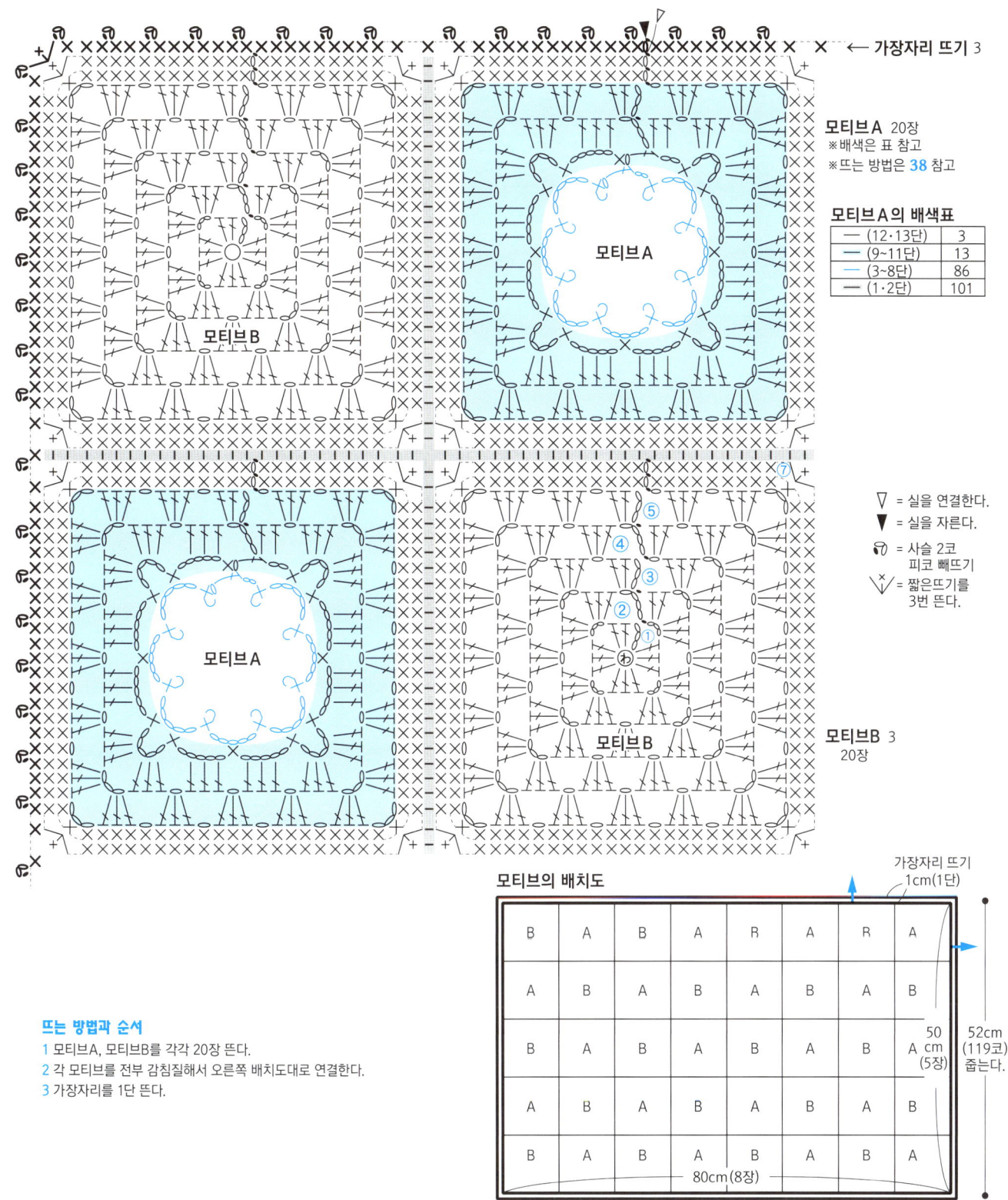

모티브A 20장
※배색은 표 참고
※뜨는 방법은 38 참고

모티브A의 배색표

— (12·13단)	3
— (9~11단)	13
— (3~8단)	86
— (1·2단)	101

모티브B 20장

뜨는 방법과 순서
1 모티브A, 모티브B를 각각 20장 뜬다.
2 각 모티브를 전부 감침질해서 오른쪽 배치도대로 연결한다.
3 가장자리를 1단 뜬다.

43

Photo … p.32 Point Lesson … p.39 Size … 직경 15㎝

재료
실 하마나카 엑시드울 FL 합태사
진녹색(220) … 9g, 붉은색(210) … 8g, 연노랑색(218) … 4g,
겨자색(243) … 1g
바늘 모사용 코바늘 4/0호(2.5㎜)

꽃을 뜨는 방법
※ 도안은 ❶, ❷의 순서대로 뜬다.
2단 : 1단의 짧은뜨기의 앞고리 반코를 주워서 빼뜨기를 뜬다.
3단 : 1단의 짧은뜨기의 뒷고리 반코를 주워서 뜬다.
4단 : 3단의 짧은뜨기의 앞고리 반코를 주워서 빼뜨기한 뒤 사슬 10코를 뜨고, 사슬코산을 짧은뜨기로 9코 뜨면서 돌아온 다음 짧은뜨기의 앞고리 반코에 빼뜨기한다.
5단 : 4단 잎의 심지 부분에서 둥글게 코를 주워(사슬 쪽은 사슬 머리 2가닥, 짧은뜨기 쪽은 머리를 줍는다) 뜬다.
6단 : 4단의 빼뜨기 부분에서 코를 주워서 뜬다.
7단 : 6단의 사슬에 빼뜨기를 하고 사슬 10코를 뜬 뒤 사슬코산을 짧은뜨기로 9코 뜨면서 되돌아오고, 6단의 같은 사슬 고리에 빼뜨기를 한다.
8단 : 7단의 잎의 심지 부분에서 둥글게 코를 주워(사슬 쪽은 사슬 머리 2가닥, 짧은뜨기 쪽은 머리를 줍는다) 뜬다.

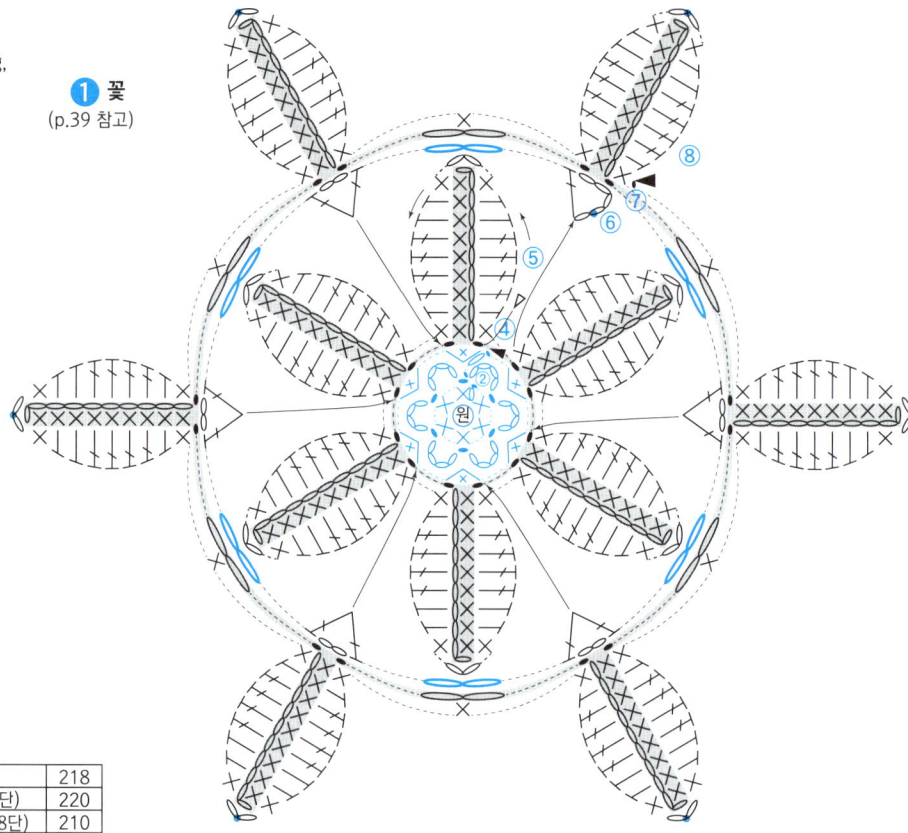

❶ 꽃 (p.39 참고)

43
본체의 배색표

— (14단)	218
— (9~13·15·16단)	220
—·—·— (4~8단)	210
— (1~3단)	243

본체를 뜨는 방법
9단 : 꽃을 앞쪽으로 젖혀서 6단의 사슬(◯◯◯)을 주워서 뜬다.
13단 : ×를 뜰 때에 꽃 8단의 끝부분인 ● 부분을 같이 주워서 뜬다.

×(13단) = ❶의 8단의 ● 부분을 같이 주워서 뜬다.

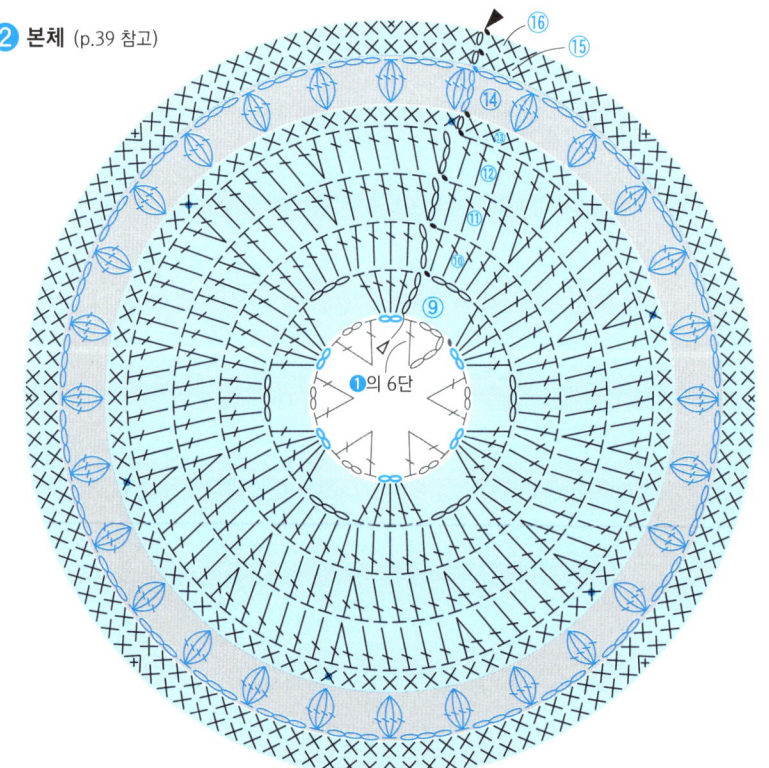

❷ 본체 (p.39 참고)

44·45 Photo … p.33 Point Lesson … p.37 Size … 15×15㎝

재료
실 하마나카 엑시드울 FL 합태사
44 체리색(214) … 10g, 미색(231) … 8g, 진녹색(220)·진보라색(216) … 각 2g, 겨자색(243) … 1g
45 흰색(201) … 10g, 연어색(208) … 8g, 황록색(246)·그레이색(229) … 각 2g, 겨자색(243) … 1g
바늘 모사용 코바늘 4/0호(2.5㎜)
※도안은 ❶, ❷의 순서대로 뜬다.

꽃술을 뜨는 방법
2단 : 1단의 짧은뜨기의 앞고리 반코를 주워서 짧은뜨기한다.
3단 : 1단의 짧은뜨기에 남아 있는 뒷고리 반코를 주워서 뜬다.
4단 : 3단의 짧은뜨기의 앞고리 반코를 주워서 빼뜨기를 뜬다.

꽃잎을 뜨는 방법
5단 : 3단의 짧은뜨기에 남아 있는 뒷고리 반코를 주워서 빼뜨기를 뜬다.
6단 : 5단의 사슬을 통째로 주워서 뜬다.
7단 : 한길긴뜨기는 6단의 두길긴뜨기 사이로 바늘을 통과시켜 5단의 사슬을 통째로 주워서 뜬다. 다음의 한길긴뜨기는 5단의 짧은뜨기에 뜬다.
8단 : 7단의 사슬을 통째로 주워서 뜬다.
9단 : ☆의 빼뜨기와 한길긴뜨기는 8단의 두길긴뜨기 사이로 바늘을 통과시켜 7단의 사슬을 통째로 주워서 뜬다.
10단 : 9단의 사슬을 통째로 주워서 뜬다.

잎(11단)을 뜨는 방법
10단의 두길긴뜨기 사이에 바늘을 넣어서 빼뜨기하고, 3장의 잎을 4군데에 떠서 연결한다.

본체를 뜨는 방법
12단 : 잎에서 주운 짧은뜨기는 기둥코의 사슬을 통째로 주워서 뜬다.
13~15단 : 전 단의 사슬에 뜨는 기호는 사슬을 통째로 주워서 뜬다.

44, 45 본체의 배색표

		44	45
—	(15·16단)	진보라색	그레이색
—	(12~14단)	미색	연어색
—	(11단)	진녹색	녹황색
—	(5~10단)	체리색	흰색
—	(1~4단)	겨자색	겨자색

44, 45 꽃술 겨자색

❶

↑(7·9단) = 전 단의 두길긴뜨기 사이에 바늘을 넣어 전전 단의 사슬을 다발로 주워서 뜬다.

❷ 꽃잎(5~10단)·잎(11단)·본체(11~15단)

코바늘뜨기의 기초

도안을 보는 방법

뜨개 도안은 전부 겉에서 본 것으로 표시되는데, 이는 일본 공업 규격(JIS)에서 정한 것이다. 코바늘뜨기에서는 겉코와 안코의 구별이 없고(걸어뜨기 코는 제외) 겉과 안을 교차로 보면서 뜨는 왕복뜨기의 경우에도 기호 표시는 같다.

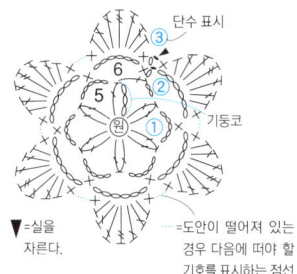

원 중심에서 원형으로 뜰 때

중심에서 원(또는 사슬코)을 만들어 1단씩 원을 그리듯이 뜬다. 각 단의 시작에는 기둥코를 세우고 뜬다. 기본적으로는 뜨개 조직의 겉을 앞쪽으로 해서 도안의 오른쪽에서 왼쪽으로 뜬다.

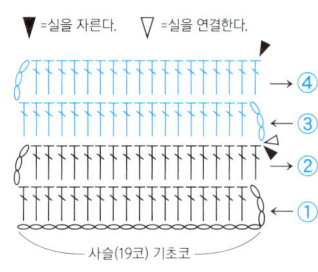

평면뜨기를 할 때

좌우에 기둥코가 있는 것이 특징으로 오른쪽에 기둥코가 있을 때가 뜨개 조직의 겉이며, 도안의 오른쪽에서 왼쪽으로 뜬다. 왼쪽에 기둥코가 있을 때는 안을 보고 도안을 왼쪽에서 오른쪽으로 뜨는 것이 기본이다. 그림은 3단째에서 배색실로 바꾼 도안.

실과 바늘 잡는 법

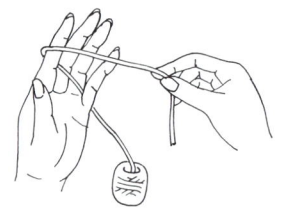

1 왼손의 새끼손가락과 약지 사이에 실을 걸어 검지에 감은 다음 실 끝을 앞으로 가져온다.

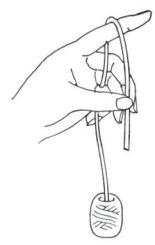

2 엄지와 중지로 실 끝을 잡고, 검지를 세워서 실을 팽팽하게 해준다.

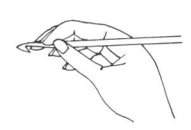

3 코바늘은 엄지와 검지로 잡고 바늘 앞부분을 중지로 가볍게 받쳐 준다.

첫 코 만드는 법

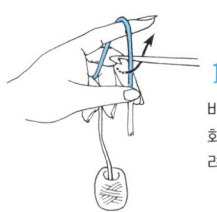

1 바늘을 실의 뒤쪽에 두고 화살표처럼 바늘 끝을 돌려준다.

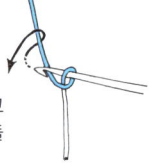

2 한 번 더 바늘에 실을 걸어준다.

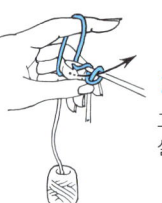

3 고리 안으로 통과시켜 실을 앞쪽으로 빼낸다.

4 실 끝을 당겨서 코를 조여주면 첫 코가 완성된다(이 코는 1코로 세지 않는다).

기초코

원 중심에서 원형으로 뜰 때
(실 끝으로 원을 만든다.)

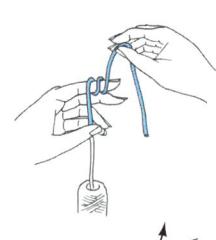

1 왼손 검지에 실을 2번 감아서 실고리를 만든다.

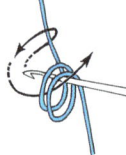

2 실고리를 벗겨 손에 잡고, 고리의 중간에 바늘을 넣어 화살표대로 실을 감아 앞쪽으로 빼낸다.

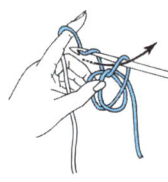

3 다시 바늘 끝에 실을 감아서 당기고, 기둥코 사슬을 뜬다.

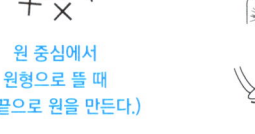

4 1단은 고리의 중간에 바늘을 넣어 필요한 콧수만큼 짧은뜨기를 뜬다.

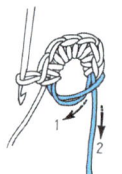

5 일단 바늘을 빼고, 맨 처음 만든 고리의 실(1)과 실 끝을 당겨 고리를 조여준다(2).

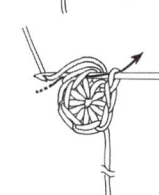

6 1단의 마지막 코는 첫 코의 짧은뜨기 머리에 바늘을 넣어 빼뜨기를 한다.

중심에서 원형으로 뜰 때
(사슬로 고리를 만든다.)

1 필요한 콧수만큼 사슬을 뜨고, 첫 번째 사슬의 반코에 바늘을 넣어 실을 감아 빼낸다.

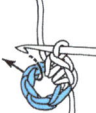

2 바늘에 실을 걸어 실을 빼낸다. 이것이 기둥코인 사슬이 된다.

3 1단은 고리의 중심에 바늘을 넣어 필요한 콧수만큼 짧은뜨기를 뜬다.

4 1단의 마지막 코는 첫 코의 짧은뜨기의 머리에 바늘을 넣어 빼뜨기를 한다.

평면뜨기를 할 때

1 필요한 콧수의 사슬과 기둥코 분의 사슬을 뜨고, 끝에서 2번째 사슬의 반코에 바늘을 넣는다.

2 바늘 끝에 실을 걸어 화살표대로 실을 빼낸다.

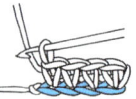

3 1단을 뜬 모습(기둥코의 사슬 1코는 1코로 세지 않는다).

사슬코 보는 방법

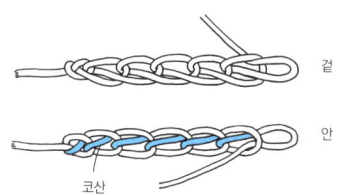

사슬코는 겉과 안이 있다. 안의 중앙에 1가닥 튀어나와 있는 곳을 사슬의 코산이라고 한다.

전 단에서 코 줍는 방법

1코에서 주워서 뜨기

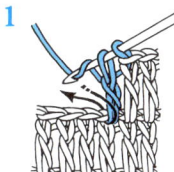 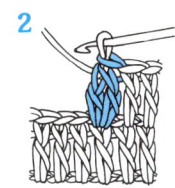

사슬뜨기를 통째로 주워서 뜨기

 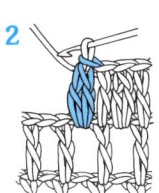

같은 구슬뜨기라도 도안에 따라서 코 줍는 방법이 달라진다. 도안의 아랫부분이 붙어 있을 때는 전 단의 1코에 바늘을 넣어서 뜨고 도안의 아랫부분이 벌어져 있을 때는 전 단 사슬을 통째로 주워서 뜬다.

뜨개코 기호

○ 사슬뜨기

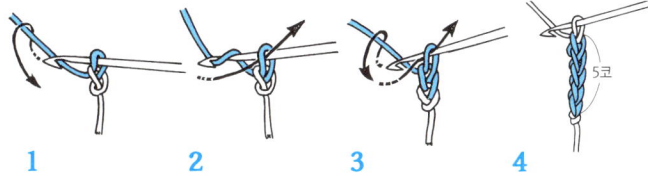

1 첫 코를 만들고 [바늘 끝에 실을 감는다].
2 걸린 실을 당겨내어 사슬코를 완성한다.
3 같은 모양으로 1의 [ ]과 2를 반복해서 뜬다.
4 사슬뜨기 5코 완성.

● 빼뜨기

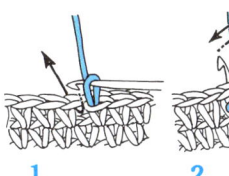

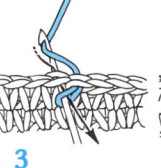

1 전 단의 코에 바늘을 넣는다.
2 바늘 끝에 실을 건다.
3 실을 한 번에 빼낸다.
4 빼뜨기 1코 완성.

× 짧은뜨기

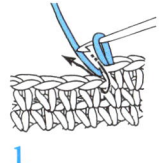  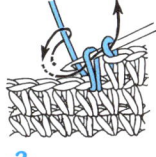 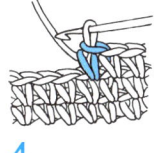

1 전 단의 코에 바늘을 넣는다.
2 바늘 끝에 실을 걸어 고리를 앞으로 끌어낸다(끌어낸 상태를 미완성의 짧은뜨기라고 한다).
3 한 번 더 바늘에 실을 걸어 2개의 고리를 한 번에 빼낸다.
4 짧은뜨기 1코 완성.

T 긴뜨기

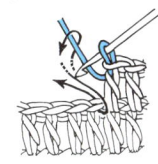 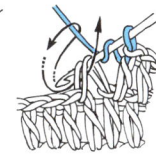 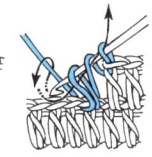 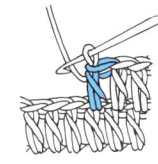

1 바늘 끝에 실을 걸고 전 단의 코에 바늘을 넣는다.
2 다시 바늘에 실을 걸어 앞으로 끌어낸다(끌어낸 상태를 미완성의 긴뜨기라고 한다).
3 바늘에 실을 걸어 3개의 고리를 한 번에 빼낸다.
4 긴뜨기 1코 완성.

⊤ 한길긴뜨기

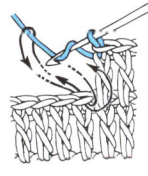 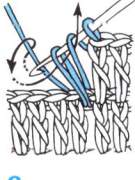 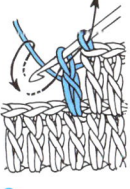 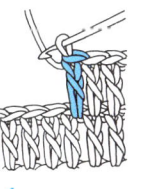

1 바늘 끝에 실을 걸어 전 단의 코에 바늘을 넣고 다시 실을 걸어 앞으로 끌어낸다.
2 화살표처럼 바늘 끝에 실을 걸어 고리 2개만 빼낸다(고리를 빼낸 이 상태를 미완성의 한길긴뜨기라고 한다).
3 한 번 더 바늘에 실을 걸어 남아 있는 2개의 고리를 빼낸다.
4 한길긴뜨기 1코 완성.

두길긴뜨기 / 세길긴뜨기 =(●) / 여섯길긴뜨기 =(▲)

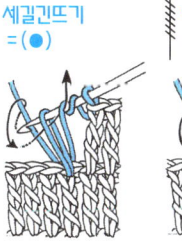 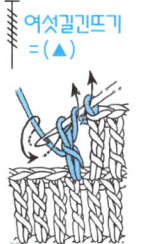 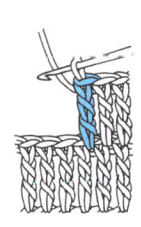

1 바늘 끝에 실을 2번(●=3번, ▲=6번) 감아 전 단의 코에 바늘을 넣고 다시 실을 걸어 고리를 앞으로 끌어낸다.
2 화살표처럼 바늘 끝에 실을 걸어 고리 2개만 빼낸다.
3 같은 동작을 2번(●=3번, ▲=6번) 반복한다.
※1번(●=2번, ▲=5번)째가 끝난 시점의 상태를 미완성의 두길긴뜨기(●=세길긴뜨기, ▲=여섯길긴뜨기)라고 한다.
4 두길긴뜨기 1코 완성.

짧은뜨기 2코 늘려뜨기

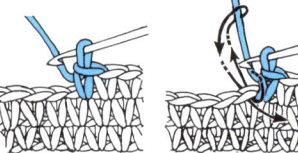  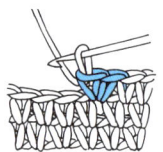 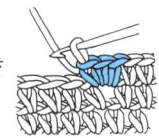

1 짧은뜨기 1코를 뜬다.

2 같은 코에 바늘을 넣어 고리를 끌어내 짧은뜨기를 뜬다.

짧은뜨기 3코 늘려뜨기

3 짧은뜨기를 2코 뜬 모습. 같은 코에 한 번 더 짧은뜨기를 뜬다.

4 전 단의 1코에 짧은뜨기 3코를 뜬 모습. 전 단보다 2코 늘어난 상태.

짧은뜨기 2코 모아뜨기

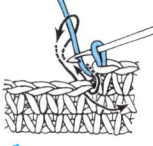  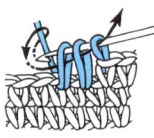 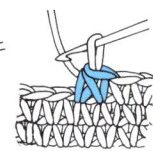

1 전 단의 사슬코에 화살표대로 바늘을 넣어 고리를 끌어낸다.

2 다음 코에서도 같은 모양으로 고리를 끌어낸다.

3 바늘 앞쪽에 실을 걸어서 고리 3개를 한 번에 빼낸다.

4 짧은뜨기 2코 모아뜨기 완성. 전 단보다 1코 줄어든 상태.

한길긴뜨기 2코 늘려뜨기

※콧수가 2코 이외인 경우와 한길긴뜨기 이외의 경우도 같은 요령으로 전 단의 1코에 지정된 기호를 지정된 콧수대로 떠 넣는다.

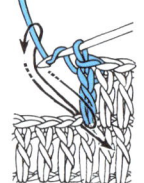 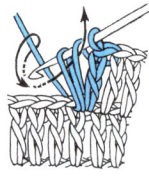 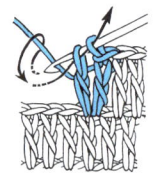 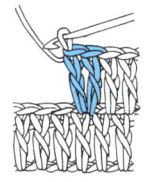

1 한길긴뜨기를 1코 뜨고 바늘 앞쪽에 실을 걸어 같은 코에 바늘을 넣어 실을 걸어 빼낸다.

2 바늘에 실을 걸어 2개의 고리 사이로 빼낸다.

3 한 번 더 바늘에 실을 걸어 남은 고리 2개 사이로 빼낸다.

4 1코에 한길긴뜨기 2코 늘려뜨기를 한 모습. 전 단보다 1코 늘어난 상태.

한길긴뜨기 2코 모아뜨기

※콧수가 2코 이외인 경우 한길긴뜨기 이외의 경우도 같은 요령으로 미완성의 기호를 지정의 콧수로 뜨고, 바늘 앞쪽에 실을 걸어 바늘에 걸려 있는 고리를 한 번에 빼낸다.

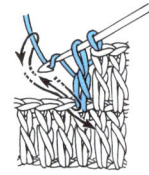 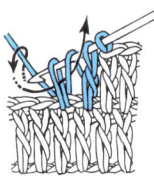 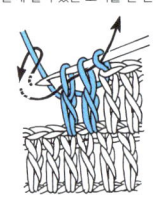 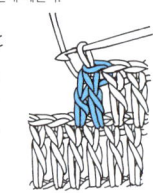

1 전 단의 1코에 미완성의 한길긴뜨기(p.77 참조)를 뜨고, 바늘 앞에 실을 걸어 다음 코에 화살표처럼 바늘을 넣어서 실을 걸어 빼낸다.

2 바늘에 실을 걸어 고리 2개 사이로 빼내고 2번째의 미완성 한길긴뜨기를 뜬다.

3 바늘에 실을 걸어 화살표대로 고리 3개를 한 번에 빼낸다.

4 한길긴뜨기 2코 모아뜨기 완성. 전 단보다 1코 줄어든 상태.

사슬 3코 피코 빼뜨기

※콧수가 3코 이외의 경우에도 1에서 지정한 콧수를 뜨고 같은 요령으로 빼뜨기를 한다.

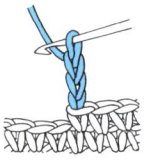 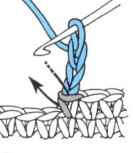 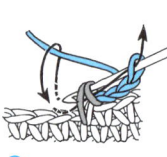

1 사슬 3코를 뜬다.

2 짧은뜨기의 사슬 머리 반코와 다리 쪽 실 1가닥에 바늘을 넣는다.

3 바늘에 실을 걸어 화살표대로 한 번에 빼낸다.

4 사슬 3코 피코 빼뜨기 완성.

한길긴뜨기 3코 구슬뜨기

※ 콧수가 3코 이외인 경우, 한길긴뜨기 이외의 경우에도 같은 요령으로 전 단의 1코에 미완성의 한길긴뜨기를 지정된 콧수로 뜨고, 3과 같이 바늘에 걸려 있는 고리를 한 번에 빼낸다.

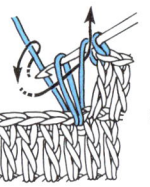 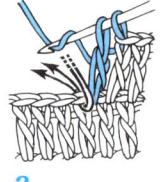 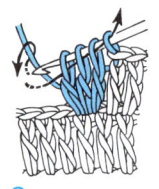 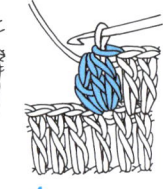

1 전 단의 코에 미완성의 한길긴뜨기(p.77 참조) 1코를 뜬다.

2 같은 코에 바늘을 넣어 미완성의 한길긴뜨기를 계속해서 2코 더 뜬다.

3 바늘에 실을 걸어 바늘에 걸려 있는 4개의 고리를 한 번에 빼낸다.

4 한길긴뜨기 3코 구슬뜨기 완성.

한길긴뜨기 5코 팝콘뜨기

  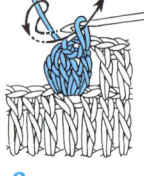 

1 전 단의 같은 코에 한길긴뜨기를 5코 뜨고, 바늘을 빼내어 화살표대로 첫 번째 코의 한길긴뜨기 머리와 바늘을 뺐던 고리에 다시 바늘을 넣는다.

2 고리를 그대로 앞쪽으로 빼낸다.

3 사슬뜨기를 1코 떠서 당겨 조여준다.

4 한길긴뜨기 5코 팝콘뜨기 완성.

긴뜨기 3코 변형 구슬뜨기

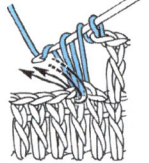 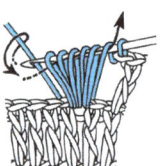 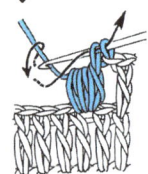 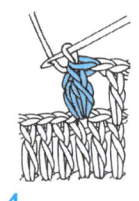

긴뜨기 4코 변형 구슬뜨기=(●)

1 전 단의 코에 바늘을 넣어 미완성의 긴뜨기를 3코(●=4코) 뜬다.

2 바늘에 실을 걸고, 화살표대로 6개의 고리(●=8개의 고리)를 빼낸다.

3 다시 바늘에 실을 걸어 남아 있는 코를 한 번에 빼낸다.

4 긴뜨기 3코 변형 구슬뜨기 완성.

╳ 짧은뜨기의 이랑뜨기

※짧은뜨기 이외의 기호의 이랑뜨기도 전 단의 뒷고리 반코를 주워서 지정된 기호대로 뜬다.

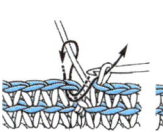 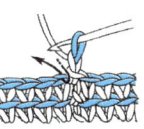 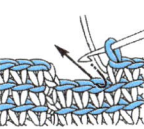 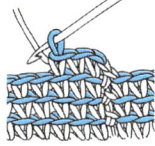

1 매 단의 겉을 보고 뜬다. 짧은뜨기를 한 바퀴 뜨고, 첫 코에 빼뜨기한다.

2 기둥코인 사슬코 1코를 뜨고, 전 단의 사슬 뒷고리 반코를 주워 짧은뜨기를 뜬다.

3 같은 모양으로 2의 요령대로 짧은뜨기를 뜬다.

4 전 단의 사슬 앞고리 반코가 줄기처럼 남아 있다. 짧은뜨기의 이랑뜨기 3단을 뜬 모습.

╤ 한길긴뜨기 앞걸어뜨기

※한길긴뜨기 이외의 기호의 경우에도 같은 요령으로 1의 화살표처럼 바늘을 넣어 지정된 기호를 뜬다.
※왕복뜨기로 뒷면에서 뜨고 있을 경우에는 뒤걸어뜨기로 뜬다.

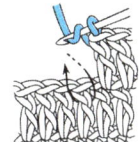 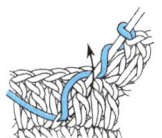 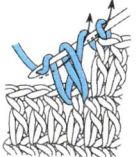 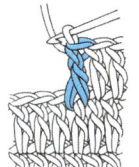

1 바늘에 실을 걸어 전 단의 한길긴뜨기 다리에 화살표처럼 앞쪽에서 바늘을 넣는다.

2 바늘에 실을 걸어 조금 길게 실을 빼낸다.

3 한 번 더 바늘에 실을 걸어 2개의 고리 사이로 빼낸다. 같은 동작을 한 번 더 반복한다.

4 한길긴뜨기 앞걸어뜨기 1코 완성.

╳ 짧은뜨기 앞걸어뜨기

※왕복뜨기로 뒷면에서 뜨고 있을 경우에는 뒤걸어뜨기로 뜬다.

 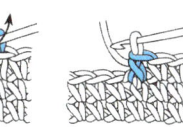 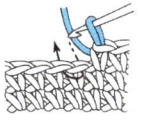 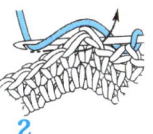

1 전 단의 짧은뜨기의 다리에 화살표처럼 바늘을 넣는다.

2 바늘에 실을 걸어 짧은뜨기보다 약간 길게 실을 빼낸다.

3 한 번 더 바늘에 실을 걸어 2개의 고리 사이로 한 번에 빼낸다.

4 짧은뜨기 앞걸어뜨기 1코 완성.

╳ 짧은뜨기 뒤걸어뜨기

※왕복뜨기로 뒷면에서 뜨고 있을 경우에는 앞걸어뜨기로 뜬다.

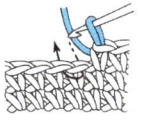 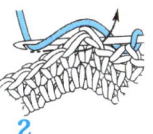 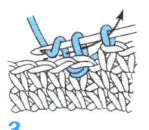 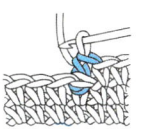

1 전 단의 짧은뜨기의 다리에 화살표처럼 뒷면에서 바늘을 넣는다.

2 바늘에 실을 걸어 화살표처럼 뜨개 조직의 뒤쪽에서 빼낸다.

3 짧은뜨기보다 약간 길게 실을 끌어내고, 한 번 더 바늘에 실을 걸어 2개의 고리 사이로 한 번에 빼낸다.

4 짧은뜨기 뒤걸어뜨기 1코 완성.

감침질

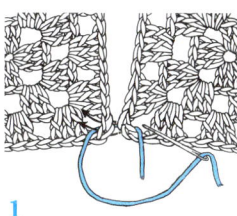 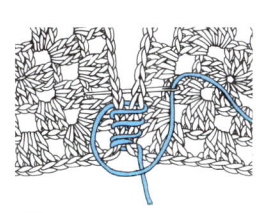 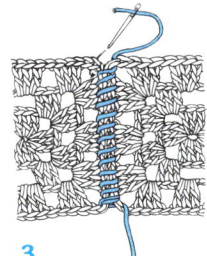 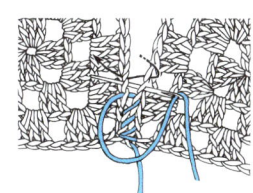

1 뜨개 조직의 겉끼리 맞대고 사슬코 머리 2올를 주워서 실을 당겨준다. 시작하는 부분과 끝부분의 코는 2번씩 주워준다.

2 1코씩 줍는다.

3 끝까지 감침질한 모습.

반코를 줍는 방법
뜨개 조직의 겉끼리 맞대고 사슬 뒷고리 반코(사슬코 머리의 실 한 올)를 주워서 실을 당겨준다. 시작하는 부분과 끝부분의 코는 2번씩 주워준다.

줄무늬 뜨는 방법(나선형으로 뜰 때 단의 끝에서 실을 바꾸는 방법)

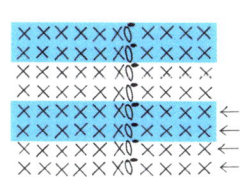 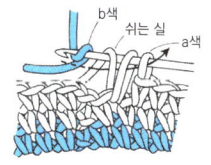 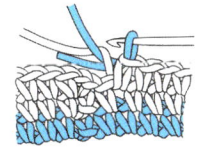 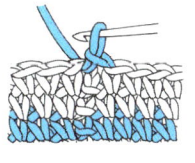 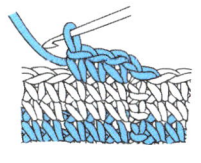

1 단의 끝에서 짧은뜨기를 완성할 때, 뜨던 실(a색)을 앞에서 뒤쪽으로 바늘에 걸어두고 다음 단을 뜰 실(b색)을 걸어 빼낸다.

2 실을 빼낸 상태. a색은 뒷면에서 쉬게 두고, 첫 번째 짧은뜨기의 머리에 바늘을 넣어 b색으로 실을 걸어 빼낸다.

3 원형뜨기가 된 모습.

4 계속해서 기둥코인 사슬 1코를 뜨고, 짧은뜨기를 뜬다.

자수의 기초

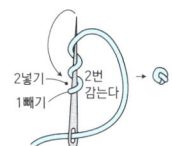

프렌치 노트 스티치

그 밖의 기초 Index

· 사슬 앞고리 반코와 뒷고리 반코를 줍는 방법 … p.34
· 모티브끼리 연결하는 방법 … p.35
 A 빼뜨기로 연결하는 경우
 B 짧은뜨기로 한 번 바늘을 빼서 연결하는 경우
 C 한길긴뜨기로 한 번 바늘을 빼서 연결하는 경우
· 뜨개 조직을 마무리하는 방법 … p.35

일 년 내내 즐길 수 있는 코바늘뜨기
플라워 모티브와 소품

1판 1쇄 2023년 3월 27일

지은이 applemints
옮긴이 구연경
감수자 조수연
펴낸이 하진석
펴낸곳 참돌
주 소 서울시 마포구 독막로3길 51
전 화 02-518-3919
팩 스 0505-318-3919
이메일 book@charmdol.com
ISBN 979-11-88601-57-8 13630

＊이 책 내용의 전부나 일부를 이용하려면 반드시 저작권자와 참돌의 서면 동의를 받아야 합니다.
＊책값은 뒤표지에 있습니다.
＊잘못된 책은 구입하신 곳에서 바꾸어 드립니다.

"1NENJU TANOSHIMERU KAGIBARIAMI: FLOWER MOTIF TO KOMONO"
Copyright © E&G Creates Co., Ltd. 2019
All rights reserved.
Original Japanese edition published by E&G Creates Co., Ltd.

This Korean edition published by arrangement with E&G Creates Co., Ltd., Tokyo in care of Tuttle-Mori Agency, Inc., Tokyo through Botong Agency, Seoul.

＊이 책의 한국어판 저작권은 Botong Agency를 통한 저작권자와의 독점 계약으로 참돌이 소유합니다.
신 저작권법에 의하여 한국 내에서 보호를 받는 저작물이므로 무단전재와 무단복제를 금합니다.